聚丙烯纤维混凝土抗裂防渗性能研究与施工工法

马南湘　编著

中国建筑工业出版社

图书在版编目（CIP）数据

聚丙烯纤维混凝土抗裂防渗性能研究与施工工法/马南湘编著.
北京：中国建筑工业出版社，2011.12
ISBN 978-7-112-13760-2

Ⅰ.①聚… Ⅱ.①马… Ⅲ.①聚丙烯纤维-纤维增强混凝土-抗裂性-研究②聚丙烯纤维-纤维增强混凝土-混凝土施工
Ⅳ.①TU528.572②TU755

中国版本图书馆 CIP 数据核字（2011）第 231015 号

聚丙烯纤维混凝土抗裂防渗
性能研究与施工工法
马南湘　编著
*
中国建筑工业出版社出版、发行（北京西郊百万庄）
各地新华书店、建筑书店经销
北京永峥排版公司制版
世界知识印刷厂印刷
*
开本：850×1168 毫米　1/32　印张：5¾　字数：152 千字
2011 年 12 月第一版　2011 年 12 月第一次印刷
定价：**16.00** 元
ISBN 978-7-112-13760-2
（21488）

本书通过聚丙烯纤维混凝土的平板中长期抗裂试验、抗渗试验和单轴拉伸力学性能试验分析，研究聚丙烯纤维对提高混凝土中长期抗裂、抗渗等耐久性能的效果和机理，进行了聚丙烯纤维混凝土楼板工程应用实例分析，并对其施工工法的创新历程进行了阐述。本书还结合案例阐述了施工工法的内涵实质，分析了申报国家级和省级工法所需要的条件及资料，可供建筑工程技术人员、相关专业院校师生学习参考使用。

*　　*　　*

责任编辑：岳建光
责任设计：张　虹
责任校对：刘梦然　陈晶晶

前　言

混凝土的开裂是普遍存在的，它会严重影响混凝土的质量，特别是导致混凝土的耐久性下降。混凝土现浇楼（屋）面板是建筑物结构的重要构件之一。在建筑业已成为我国国民经济的支柱产业的今天，楼（屋）面板的开裂、渗漏问题已成为影响建筑物使用耐久性的问题之一，并成为工程质量投诉的热点问题。现浇楼（屋）面板使用的中、长期抗裂、抗渗等耐久性能也越来越受到业界的广泛重视。

为了探讨解决现浇混凝土楼板中长期非荷载抗裂性的难题，本书分析现浇混凝土楼板中长期裂缝产生的原因，探讨了混凝土结构裂缝产生的机理，通过聚丙烯纤维混凝土的平板中长期抗裂试验、抗渗试验和单轴拉伸力学性能试验分析，研究聚丙烯纤维对提高混凝土中长期抗裂、抗渗等耐久性能的效果和机理。将研究成果应用于实际工程中，以解决现浇混凝土楼板的开裂、渗漏等耐久性问题，提高经济效益和社会效益，具有现实意义。

本书的研究工作有三个主要方面：一是试验研究，主要包括聚丙烯纤维对混凝土中长期非荷载抗裂性能影响；聚丙烯纤维对混凝土抗渗透性能的影响；聚丙烯纤维对混凝土的单轴拉伸力学性能影响。二是聚丙烯纤维混凝土楼板工程应用实例分析。三是利用价值工程原理对聚丙烯纤维混凝土楼板应用的经济、社会效益分析。

研究结果表明：聚丙烯纤维对混凝土早期塑性裂缝和中长期裂缝有较好的抑制作用，对混凝土中长期抗裂性能的提高有较大的贡献，能有效改善混凝土的抗渗性能；聚丙烯纤维混凝土楼板有良好的实际应用效果，具有较显著的经济效益和社会效益。

聚丙烯纤维混凝土楼板具有良好的抗裂防渗性能，但要在实际工程中充分发挥其显著的经济效益和社会效益，则必须要有先进的施工工法来配套、指导和管理施工。施工工法是把先进技术与科学管理结合起来，经过工程实践形成的综合配套的施工方法。是现代建筑工程施工技术不断发展的产物，是打造企业核心竞争力的利器。《聚丙烯纤维混凝土现浇楼（屋）面结构抗裂防渗施工工法》是作者作为广西大业建设集团公司总工程师主持的多项聚丙烯纤维现浇混凝土抗裂防渗工程施工实践，总结出的一套较好避免楼（屋）面等结构渗漏和开裂现象发生的施工方法。该工法在有关项目施工中得到了非常成功应用，具有较好的经济效益、社会效益和推广前景。该工法技术水平达到国内和广西壮族自治区内较先进水平，被广西住建厅授予2009 年度自治区级工法。本书对该工法的创新历程进行了讲解，详细阐述了该工法的工法文本并附该工法申报区级工法的申报书，这些将对读者有一定的启迪和借鉴作用。

工法的广泛应用，能大大提高建设项目的科技含量，促成企业建筑科技的可持续发展，带动整个建筑业的繁荣和发展。本书还给出该工法再次成功用于实际工程并取得良好效果的多个案例。由此完成了工法来自工程实践，并从中总结出有经济效益和社会效益的施工规律，又回到施工实践中去应用，拿来就能用，用了就能成功的良性循环。

如何在看似平常的施工生产经营活动中开发和挖掘提炼出高水平的施工工法是目前困扰建筑企业并亟待解决的问题，作者根据自己多年来主持广西大业建设集团公司的工法建设和给广西建筑施工企业进行工法培训等工作经验，结合部分已获批的广西壮族自治区级工法，给出解决以上难题的思路和典型的案例分析。为推广普及工法知识，本书结合实例阐述了工法的内涵实质，分析了申报国家级和省级工法所需要的条件及资料，阐述工法对提高企业核心竞争力的作用。这些知识对读者了解工法，推广普及工法，加强工法建设有着现实的意义。

本书第1~6章侧重聚丙烯纤维混凝土楼板中长期抗裂防渗性能的理论研究，第7~8章则是理论指导工程应用的实践，本书具有理论与实践相结合的特点希望能给广大读者提供一些微薄的帮助。

由于本书作者水平有限，不妥之处在所难免，恳请广大读者批评指正。

目　录

第1章 绪 论

1.1 问题的提出和研究意义

水泥混凝土的发展已有100多年的历史，其抗压强度高、耐久性好、成本低、来源广等特点使得混凝土是现代工程中用量最多的材料，也是最主要的结构材料。钢筋混凝土结构已成为世界上应用最广泛的结构形式，但混凝土又是一种多孔脆性材料，其自身抗拉强度低、韧性差、极限拉应变很小，因而很容易开裂，混凝土裂纹的存在使水的渗透成为可能等弱点限制了其优势的发挥，混凝土开裂还使结构承载力下降、挠度增加，裂缝同时还是侵蚀介质向混凝土基体渗透、迁移的通道，严重影响了混凝土结构的耐久性。

普通混凝土楼板浇筑后，早期硬化阶段，会因泌水和水分散失而产生早期塑性收缩，使混凝土产生细微龟裂；在硬化后期还会产生干缩裂缝，削弱其整体性。在温度应力及其他外力作用下，还将产生中、长期裂缝，裂缝进一步发展甚至碎裂，从而影响混凝土楼板的耐久性和抗磨性能；而且因裂缝渗水，钢筋容易锈蚀。

现代高新混凝土工程中，混凝土的应用向着高强度、大流动度方向发展。随着混凝土强度和坍落度的提高，水泥的用量不断增加，由此带来的副作用是水化热加剧，混凝土的凝固收缩量加大，收缩应力增大，裂缝数量增多。随着建筑物向大体积、大面积、形状复杂多样的方向发展，及向地下空间的发展，混凝土结构，如楼板结构的内应力大而复杂，裂缝的出现也较以往多得多。因此，从混凝土楼板防水的角度看，除了注重混凝土楼板的密实度以提高抗渗性外，更应注意由于混凝土楼板抗裂性不足而引起的渗漏，特别是高强度等级的混凝土。

目前，我国正进行着举世空前的大规模基础建设，但是有许多混凝土楼板结构在建期间或建成后出现可见裂缝，影响外观质量，同时影响在侵蚀介质环境中结构运行的耐久性，还使一些结构的使用功能受到影响，暴露出较严重的耐久性问题，寿命低于设计寿命标准。因此，只有认真研究混凝土楼板的抗裂、抗渗性能，解决混凝土楼板结构使用的耐久性，才能使资源得到充分利用，延长建筑物的寿命，延缓因时间推移而带来的结构安全性方面的威胁，保证其正常使用，才能尽可能减少重建和修复费用。

混凝土结构产生裂缝有两类，一类叫做荷载裂缝，它是由外荷载的直接应力和结构次应力引起；另一类叫做变形裂缝（非荷载裂缝），它是结构因温度、膨胀、收缩、徐变和不均匀沉降等因素由变形变化引起。大部分混凝土结构裂缝的原因是变形作用引起的，其几率约占80%左右[1]，为了解决混凝土开裂问题，众多研究人员采用在混凝土中加入某种纤维，如用聚丙烯纤维来改善混凝土抗裂防渗性能，聚丙烯纤维混凝土的中长期非荷载抗裂、抗渗等耐久性能一直受到关注。

混凝土现浇楼板是建筑物的重要结构之一，其使用的中长期抗裂、抗渗等耐久性能越来越受到广泛重视，本书将根据我国现行常用的试验方法来测试和分析聚丙烯纤维对混凝土现浇楼板中长期非荷载裂缝、抗渗及单轴拉伸力学性能（抗拉强度、极限拉应变、最大裂缝宽度）的影响并探讨和分析聚丙烯纤维混凝土在工程中的应用。

1.2 纤维混凝土的国内外研究现状

1.2.1 国外的研究进展及现状

国外对聚丙烯纤维混凝土的研究始于20世纪60年代[2]，

英、美等国家首先把切短的聚丙烯纤维掺入混凝土中用以改善混凝土的物理、力学性能。1975 年，在国际材料与结构实验室联合论文集《纤维增强水泥与混凝土》上，对有关聚丙烯纤维混凝土的各项性能、计算方法、施工技术等均有较全面的论述。80 年代以后，日本、韩国等国家也对聚丙烯纤维混凝土进行了很多研究，得到了许多有用实验数据[3]。90 年代，国外许多学者对聚丙烯纤维混凝土的抗裂能力、抗冲击性能、抗弯性能、弯剪性能分别做了研究[4][5][6]，有关纤维混凝土的理论研究逐渐形成。目前，在美国已形成商品化、规模化，美国纤维网公司已在本国和澳大利亚有了一些成功的项目，如澳大利亚的水利大坝、高架桥梁等大跨度、荷载重的大型水利工程。

在工程应用方面，早在 1978 年，英国西部海岸就将聚丙烯纤维剁碎掺入混凝土砌块，用于砌筑防波堤；20 世纪 80 年代初，为解决军用混凝土工事在受炮火攻击后的耐久性问题，美国军队的工程师与美国最大的化工产品企业－合成工业公司的聚丙烯材料专家共同研制出用于混凝土增强的聚丙烯纤维，并大量应用于机场跑道、高层建筑地下室、桥梁桥面铺装等工程中去。1994 年，韩国引进了该项工艺技术。美国最大的丹佛机场（总面积超过 53 平方英里，设计年客流量 1.1 亿人次），其机场跑道、停机场机库、地下传输通道等，都采用了掺加聚丙烯纤维网的混凝土，效果良好，路面没有出现龟裂和断裂现象。1989 年，墨西哥最大的建筑项目墨西哥市高级购物中心为了提高建筑物的抗地震破坏能力，全部混凝土结构中（包括板、梁、柱）都掺入了纤维网。据悉，目前美国所用混凝土总量中合成纤维混凝土约占 7%，超过先期研究的钢纤维混凝土（3%）。

1.2.2 国内的研究进展及现状

中国国内，聚丙烯纤维混凝土的研究起步较晚，随着国外聚丙烯纤维在国内重大工程中的规模应用而开始。20 世纪 70 年代纤维混凝土技术传入中国，纤维混凝土的应用是从玻璃纤维和钢纤维混凝土起步的，1986 年成立了中国土木工程学会纤维水泥与纤维混凝土学术委员会，并在大连召开了第一届全国纤维水泥与纤维混凝土学术会议。从1986年至今已经召开了十届纤维水泥与纤维混凝土学术会议。我国于1994年前后引进聚丙烯纤维，并逐步在有关混凝土工程中应用，最初由于普通聚丙烯纤维弹性模量低，约束混凝土裂缝的能力比钢纤维差，其在紫外线作用下会迅速老化崩解，极大地限制了在土木工程领域的应用。20世纪90年代，中国纺织大学开始进行改性聚丙烯纤维的研制，近年来国内已有企业生产聚丙烯纤维，改变了以往聚丙烯纤维全部依赖进口的局面，由于国内生产的材料价格较低，质量不比国外产品逊色，相同掺量下可以大大降低工程成本。同时国内许多研究机构、学者对聚丙烯纤维改善混凝土的物理、力学性能作用机理进行了试验研究，如大连理工大学、中国混凝土协会、天津市政、西安公路交通大学等单位对纤维混凝土的研究做了大量的研究工作[7][8][9]。1998年6月26日，建设部科技发展促进中心（站）印发《美国杜拉纤维技术研讨会纪要》，由此推开了纤维混凝土应用的崭新局面。据不完全统计，到2001年10月，在中国境内采用纤维混凝土的工程实例数以千计，工程类型几乎覆盖了工业及民用建筑工程当中所有用到混凝土的场合。目前这种趋势还在发展，深圳等地已将杜拉纤维的使用方法写入《建筑防水构造图集》。

目前，聚丙烯纤维混凝土在国内已经越来越多的应用到工业与民用建筑、道路、桥梁水利、国防等工程中。1993年，上海市建筑科学研究院开始研究合成纤维在混凝土中的应用，1994年该院对聚丙烯纤维的性能进行了深入的研究，确定了聚丙烯纤维可以大大地改善混凝土的抗裂性和抗渗性。1996年，上海瑞安广场地下工程采用聚丙烯纤维混凝土，效果良好，没有发现因干缩而引起的微裂纹和渗漏现象。2000年10月，在上海复旦大学体育中心游泳馆露天游泳池采用聚丙烯纤维混凝土，成功地解决了超长无遮盖架空式混凝土结构的技术难题。2000年12月，宁波白溪水库二期工程采用聚丙烯纤维混凝土浇筑面板坝获得成功，不仅为提高白溪水库面板坝的质量和耐久性起到了重要的作用，也是我国水利工程混凝土技术的一项具有创新意义的突破。国内最大的水电站——长江三峡电站，最重要的公共建筑——国家大剧院，成渝铁路隧道，以及众多的市政工程、预制构件等都使用了聚丙烯工程纤维，特别对高层建筑中改善高强混凝土的脆性具有重大意义。深圳市已把聚丙烯工程纤维混凝土防水作为地方标准图集的图例，供工业与民用建筑采用。

1.3 聚丙烯纤维混凝土的性能

1.3.1 纤维混凝土概述

1. 纤维混凝土定义

纤维混凝土是以水泥加颗粒骨料为基体，并且用纤维（短纤维）来增强或改善某些性能的混凝土复合材料。纤维在混凝土中一般是乱向分布的。

2. 纤维对混凝土性能的改善机理

关于纤维混凝土能够改善多种技术性能的机理，目前常见的有以下三种解释。

（1）多缝开裂理论

该理论认为，乱向分布的纤维与混凝土复合后，复合基体开裂后的性能，主要取决于纤维的体积率。当大于临界体积率时，纤维将承担全部荷载，并有可能产生多缝开裂现象，改变了混凝土材料的单缝开裂、断裂性能低的状况，并出现假延性材料的特征。在多缝开裂时，裂缝间距变小，数量增多，裂纹更细，用肉眼不能看见，从而提高了复合材料的韧性，改变了应力-应变状态，提高耐久性。

（2）纤维阻裂理论

该理论又称为“纤维间距理论”，早期由 Romualdi 等人提出。该理论认为，在混凝土内部存在着不同尺度及不同形状的孔隙、微裂纹和缺陷，当受到外力作用时，这些部位将产生应力集中，引起裂纹扩展，导致混凝土结构的过早破坏。为减小这种破坏程度，应尽量减少裂缝源的尺度和数量，缓和裂缝尖端应力集中程度，抑制裂缝延伸。在混凝土中掺入一定数量的纤维后，在受拉时，跨过裂缝的纤维将荷载传递给裂缝的上下表面，使裂缝处的材料仍能继续承载，缓和了应力集中程度；随着纤维数量的增加，纤维间距减小并密布于裂缝周围时，应力集中就会逐渐减少或消失。

（3）复合力学理论

该理论是基于线弹性、匀质顺向配置连续纤维混凝土复合材料而提出的。纤维不仅能够转移荷载，还能与基体界面粘合。当沿纤维方向承受拉力时，外力通过基体传递给纤维，使纤维混凝土复合材料的抗拉强度和弹性模量有所增加，从而改善了混凝土的性能。

3. 聚丙烯纤维的应用前景

混凝土增强纤维一般分为钢纤维和非钢纤维两类，非钢纤维中又分为高弹纤维（$E_f/E_c>1$，如碳纤维、石棉纤维、玻璃纤维等）和低弹纤维（$E_f/E_c<1$，如尼龙、聚丙烯等合成纤维）。钢纤维应用的效果较好，但价格较高；碳纤维刚度和强度胜过钢纤维，但价格更为昂贵；石棉纤维含有致癌物，易导致鼻咽癌；玻璃纤维与混凝土的混合性不好，易降低混凝土强度，还有易污染环境的问题；聚丙烯纤维具有强度高、耐腐蚀、价格低等优点，应用前景广阔。

4. 聚丙烯纤维与聚丙烯纤维混凝土的配制

（1）聚丙烯纤维的指标

聚丙烯纤维是由丙烯聚合而成的高分子化合物，是一种结构规整的结晶性聚合物，其英文名称为 Polypro-Pylene Fiber，简称为 PP 纤维。聚丙烯纤维的主要性能见表 1-1。

（2）聚丙烯纤维的改性

普通聚丙烯纤维具有柔性大、不吸水、易打团、与水泥搅拌较困难的缺点，在混凝土中分散性差，这是妨碍聚丙烯纤维应用的重要因素。为此，一些聚丙烯纤维生产厂家，如天津市欣晟建筑纤维公司、美国的 FIBRE MESH 公司、希尔兄弟化工公司（欣晟纤维）等对此进行了较深入的研究，对聚丙烯进行了改性处理，提高了纤维的亲介质性，可与水泥结合得更好，纤维的弹性模量有所增加；同时，改性纤维在水中也有良好的分散悬浮性，与水泥的易拌合性得到了改善。

聚丙烯纤维主要性能 **表 1-1**

密度 (t/m^3)	弹性模量 (MPa)	抗拉强度 (MPa)	极限伸长率	耐热性能 (℃)	熔点 (℃)	化学稳定性	颜色	与混凝土指标比较
0.9 ~ 0.91	$(3\sim7)\times10^3$	300 ~ 600	18%	121 ~ 160	165 ~ 170	不吸水，与大多数化学品，如酸、碱和有机溶剂接触不发生作用，无味、无臭、无毒	乳白色	与混凝土比较，弹性模量约为 0.05 ~ 0.15 倍，抗拉强度约为 100 ~ 150 倍

（3）聚丙烯纤维混凝土的配制

聚丙烯纤维混凝土的配合比与普通混凝土相同，聚丙烯纤维混凝土的配制，大致有下述两种方法：

1）干拌法。将骨料与纤维混合搅拌，使纤维散开，以保证与砂浆更好地粘合，提高附着力；搅拌 2min 后，将水泥和水掺入，继续搅拌 2 ~ 3 min。

2）湿拌法。将纤维放入水量符合设计水灰比的水中，搅拌均匀后，在搅拌水泥与骨料时倒入搅拌机，搅拌 4 ~ 5 min。

一些试验研究表明，制备聚丙烯纤维混凝土，干拌法的效果强于湿拌法。

1.3.2 聚丙烯纤维对混凝土性能的影响

1. 对混凝土塑性收缩的影响

在混凝土中掺加适量的细的聚丙烯纤维，在其中形成均匀分布的三维网格，则可承受因基材收缩而引起的内应力，聚丙烯纤维能有效地抑制混凝土早期塑性收缩裂缝的产生和发展，并且有细化裂缝的作用，明显地改善水泥石的结构，使水泥石中原生微裂纹减少，裂缝宽度减小。

2. 对混凝土干缩的影响

干缩是指混凝土在干燥和水湿的环境中要产生干缩和湿涨现象，掺加聚丙烯纤维有助于减少混凝土的干缩。纤维在砂浆中会表现出更好的抗干缩效果，由于在混凝土中存在粗大骨料的支撑作用，其干缩值小于普通砂浆的干缩。从抵抗干缩、抑制开裂的角度考虑，在砂浆当中掺入聚丙烯纤维更为必要[11]。

3. 对混凝土抗压强度和弯拉强度影响

聚丙烯纤维由于其本身的弹性模量较基体的弹性模量低，一般仅为基体弹性模量的1/10～1/12，因此其增强作用很弱。对抗压强度几乎没有影响，对抗拉强度和弯拉强度可有轻微提高，当纤维体积率为0.05%～0.5%时，提高幅度一般不超过15%；当体积率超过0.5%以后，纤维混凝土的强度一般呈下降趋势[11]。

4. 对混凝土弯曲韧性影响

聚丙烯纤维混凝土的弯曲韧性有显著影响。掺纤维体积率为0.05%～0.2%时，弯曲韧性可提高20%～80%，掺体积率为0.5%～1.0%时，可提高1～4倍[50]。

5. 对混凝土冲击和疲劳特性影响

低掺量的聚丙烯纤维混凝土的耐冲击性能显著提高。在掺量为0.1%～0.2%体积率的情况下，可使冲击能量提高2～5倍[50]。

6. 对混凝土的耐久性影响[50]

（1）抗渗性

聚丙烯纤维掺入使混凝土抗渗性提高。掺有体积率0.05%～0.1%的聚丙烯纤维，可使试件的抗渗性（以渗水压计）提高40%以上，在相同渗水压力情况下可使渗透高度降低30%～70%。

（2）抗冻性

低掺量的聚丙烯纤维混凝土抗冻性较同条件的素混凝土抗冻性明显提高，可使冻融循环次数提高50%甚至1倍以上。

（3）耐磨性

纤维的掺入可提高混凝土的耐磨性。低掺量（体积率0.1%左右）聚丙烯纤维混凝土可使抗冲磨强度提高30%～60%，或者使其磨耗损失降低30%以上。

（4）耐老化性

合成纤维的弱点是耐光照老化性不如无机材料纤维。各种纤维经长期光照（紫外线辐射）均有不同程度的老化，其中无防护措施的聚丙烯纤维最为严重。

（5）耐腐蚀性

聚丙烯纤维在酸碱溶液中比较稳定，性能几乎不受影响。对于混凝土本身受到的硫酸盐腐蚀、碱骨料反应等引起的混凝土膨胀，聚丙烯纤维能起到一定的抑制作用。

1.4 本书研究的主要内容及意义

近年来，纤维混凝土的应用范围日趋扩大。聚丙烯纤维在我国的应用时间不长，尚缺乏很系统的试验分析和研究工作，在实际施工中也未对聚丙烯纤维的影响给予足够的观察分析。

混凝土楼板非荷载裂缝，按出现时间不同，可分为混凝土早期裂缝（塑性裂缝）、中长期裂缝等。一般聚丙烯纤维对抑制混凝土楼板的塑性（混凝土终凝前）裂缝较为有效[48]，但对于中长期（一般为28d后）所形成的非荷载裂缝，聚丙烯纤维对裂缝能否产生有效的抑制作用是值得研究的问题。本书将通过试验，探讨聚丙烯纤维对混凝土楼板中长期非荷载裂缝能否产生有效的抑制作用。

随着社会的发展，工业及民用建筑混凝土楼板抗渗性能要求越来越高。目前，改善混凝土抗渗性能的有效途径有两种：其一，通过在混凝土中添加外加剂的方法，即通过膨胀剂提高混凝土的密实性，或加入憎水性有机材料提高混凝土抗渗性的方法，达到改善混凝土抗渗性能的目的；其二，在混凝土中掺入纤维，减少混凝土内部缺陷，改善混凝土的品质，提高其抗渗性能。添加外加剂，易引起混凝土碱基料反应或其他化学反应，使得混凝土的耐久性难以保证。在建筑材料中掺入纤维的做法由来已久，早期主要是利用天然纤维；在现在工程施工中，常使用的是玻璃纤维和钢纤维。由于玻璃纤维的抗剪能力差，易引起混凝土碱基料反应，不宜采用。钢纤维的比重大，虽能改善混凝土的某些品质，但增加结构负担，且对混凝土抗渗性能改善不明显。研究利用聚丙烯纤维改善混凝土楼板抗渗性能的途径和方法是具有非常重要意义的。本书将通过试验，探讨利用聚丙烯纤维改善混凝土抗渗性能的途径和方法，并就聚丙烯纤维对混凝土抗渗性能的影响机理进行探讨分析，达到了解聚丙烯纤维对现浇混凝土抗渗、抗裂等耐久性能影响的目的。

纤维混凝土的抗拉强度、极限拉应变、最大裂缝宽度是极其重要的力学指标，对于纤维混凝土的抗裂设计、验算和温度应力的仿真计算都是不可缺少的重要力学指标。本书也将探讨、分析直接拉伸试验，反映合成纤维混凝土的拉伸力学性能方面的问题。

目前，建筑中使用的纤维大多数是改性聚丙烯纤维。掺入聚丙烯纤维改善了混凝土的品质，使混凝土的综合使用性能得到提高，纤维对混凝土材料各种性能的提高不但要从理论上、试验上，还要从实际工程上进行分析测试。纤维混凝土结构楼板的性能仅用目前的小试件试验测试并不能完全真正反映纤维混凝土材料的性能，聚丙烯纤维混凝土楼板性能还要靠更多的实际工程来测试和检验。本书将结合工程实例进一步验证聚丙烯纤维能较好地改善现浇混凝土楼板中长期抗裂、抗渗等方面的耐久性能。

具体来说，本书的研究内容主要为以下几个方面：

（1）现浇混凝土楼板中长期非荷载裂缝产生的原因分析。

（2）聚丙烯纤维对混凝土中长期非荷载抗裂性能影响。

（3）聚丙烯纤维对混凝土抗渗透性能的影响。

（4）聚丙烯纤维对混凝土的单轴拉伸力学性能（抗拉强度、极限拉应变、最大裂缝宽度）影响。

（5）聚丙烯纤维混凝土楼板在实际工程中的应用。

1.5 本书拟采用的研究方法

本书采用的是“理论与实际相结合”的方法，根据已有较成熟的混凝土自生收缩和温度应力等理论，结合具体工程，分析现浇混凝土楼板中长期非荷载裂缝产生的原因，再通过实验室试验和工程实践来研究聚丙烯纤维对现浇混凝土楼板中长期抗裂、抗渗等耐久性能的影响。

1. 试验研究

本书采用平板试件，利用对比试验的方法计算裂缝降低率来评判合成纤维混凝土阻止中长期裂缝的效果。平板试件是将试件四周用锚栓锚固在模框上，试件底面用塑料薄膜与底模隔离。试件浇筑完毕后按规定的时间开始进行干燥暴露试验；平板试件不需拆模板，操作简便，开始干燥的时间容易控制，暴露面接受光照、吹风时比较均匀，量测裂缝长度与宽度的操作也较为方便。

2. 结合工程实践

在混凝土工程中，现浇混凝土楼板裂缝是一种较普遍的问题，已成为影响建筑物使用耐久性的常见问题之一，正在上升为住宅工程常见质量问题的主流。裂缝种类和产生的原因是多方面的，由于产生的原因较复杂，影响的因素较多，在实际工程中不容易判断和预防。针对现浇混凝土楼板的裂缝，特别是中、长期裂缝产生的原因和抑制方法，我们将对南宁市等地的部分实际工程加入合成纤维的现浇混凝土楼板进行跟踪分析，再与不加合成纤维的现浇混凝土楼板进行对比分析。

1.6 本章小结

综上所述，进行本书的研究对探讨和解决现浇混凝土楼板的开裂、渗漏等耐久性问题，提高经济效益和社会效益，具有现实意义。

第 2 章　聚丙烯纤维混凝土原材料性能及抗裂试验配合比确定

2.1　原材料性能

2.1.1　水泥

水泥是混凝土的重要组成材料。混凝土结构的强度主要取决于水泥的强度，水泥的强度等级是一项重要的技术指标。水泥强度等级应与混凝土的强度等级相适应，对中低强度等级的混凝土，水泥强度等级一般应为混凝土强度等级的 1.5 ~ 2.5 倍；对高强混凝土，水泥强度等级与混凝土强度等级的比值可小于 1.5，但不宜低于 0.8[17]。在选择水泥时应考虑下述原则：

(1) 考虑到工程使用的一般性，优先考虑使用普通硅酸盐水泥。

(2) 水泥强度等级应符合国家标准的要求。

(3) 水泥细度、凝结时间、安定性和碱含量应符合国家标准要求。

本试验选用广西华宏水泥公司生产的古庙牌 42.5 级普通硅酸盐水泥，其物理力学性能见表 2-1。

普通硅酸盐水泥物理力学性能　　表 2-1

标准稠度用水量(%)	细度(80μm 方孔筛筛余量)(%)	初凝时间(h:min)	总凝时间(h:min)	安定性(雷氏法)	力学性能			
					抗折强度(MPa)		抗压强度(MPa)	
					3d	28d	3d	28d
28.9	3.5	2:45	4:07	合格	4.4	8.6	20.7	48.4

2.1.2 骨料

混凝土是由骨料和胶凝材料组成的复合材料。骨料通常占混凝土体积的70% ~80%,混凝土骨料有粗、细之分。粒径5mm以上者称为粗骨料,粒径0.15 ~5mm者称为细骨料。

1. 粗骨料

粗骨料分为碎石和卵石。碎石表面粗糙，棱角多，较为清洁。与卵石比较，用碎石配制混凝土时，需水量及水泥用量大，或混凝土拌合物的流动性较小，但由于碎石与水泥石间的界面粘结力强，故碎石混凝土的强度高于卵石混凝土。特别是在水灰比较小的情况下，强度相差尤为明显。

粗骨料的粒径对混凝土性质影响程度较大。用粒径大的粗骨料配制混凝土，可减小用水量，降低混凝土的水化热及混凝土的干缩及徐变，并可提高混凝土的强度与耐久性，但是对于高强混凝土，粗骨料的最大粒径不宜超过20mm；级配对提高混凝土的性能更为重要，粗骨料的级配采用筛分析试验来测定，并按各筛上的累计筛余百分率划分级配。

本试验粗骨料采用邕宁产的碎石，其性能指标见表2-2，级配见表2-3。

粗骨料技术指标 **表2-2**

颗粒级配（mm）	密度（kg/cm^3）	堆积密度（kg/cm^3）	含泥量（%）	泥块含量（%）	针片状含量（%）
5 ~20	2743	1475	0.8	0.45	较少

碎石筛分结果 **表2-3**

颗粒级配（mm）	分孔筛余（%）	累积筛余（%）
20	6.90	6.90
16	53.29	60.19
10	30.01	99.20
5	0.79	99.99
<5	0.01	100

2. 细骨料

砂是不同粒径颗粒的混合体，砂的粒径越大，则砂的表面积越小，包裹砂表面所需的用水量和水泥用量就越少，但砂过粗时，由于粗颗粒砂对石子的黏聚力较低，会引起混凝土拌合物产生离析、泌水和分层。

级配良好的砂可减小混凝土拌合物的水泥用量，节约水泥，提高混凝土拌合物的流动性和黏聚性并可提高混凝土的密实度。砂的颗粒级配也采用筛分析法测定，测定出砂的分孔筛余和累积筛余。

本试验采用南宁产的邕江中砂，其性能指标见表2-4，颗粒级配见表2-5。

细骨料技术指标 **表2-4**

细度模数	密度（kg/cm^3）	堆积密度（kg/cm^3）	含泥量（%）	泥块含量（%）	含水率（%）
2.7	2634	1537	1.5	0.8	5.0

砂筛分结果 **表2-5**

颗粒级配（mm）	分孔筛余（%）	累积筛余（%）
5	0	0
2.5	20	20
1.25	13	33
0.63	18	51
0.318	22	73
0.160	22	95
<0.160	5	100

2.1.3 聚丙烯纤维

聚丙烯是由丙烯聚合而成的高分子化合物，是一种结构规整的结晶性聚合物，乳白色、无味、无臭、无毒、质轻，是热塑性塑料。

聚丙烯纤维要有良好的阻裂效果，必须具备以下几个基本条件[18]：

（1）纤维混凝土中所用的纤维必须具有足够的耐碱性，不受混凝土中碱性骨料和水泥碱性水化产物的侵蚀。

（2）纤维混凝土中所掺加的纤维必须对人体无害。

（3）纤维混凝土中所选用的纤维，在水泥基体中必须具有良好的自分散性，不结团，不成束。

（4）能够使用于实际建筑工程的纤维混凝土，所掺加的纤维必须是高度商品化的产品。

（5）纤维在混凝土中要发挥作用，必须具有比较高的抗拉强度。

（6）纤维与水泥基体的极限延伸率相比，至少要高出一个数量级。

（7）纤维与水泥基体的界面要具有一定的粘结强度，一般不应低于1MPa。

（8）纤维的粗细适度。

（9）纤维的弹性模量较高。

（10）价格合理，较低的成本。

本试验采用的聚丙烯纤维是格雷斯品牌，纤维的物理化学性能见表2-6。

格雷斯聚丙烯纤维的物理化学性能　　表2-6

项　目	指　标	项　目	指　标
类　型	单丝分散状	比表面积（m^2/kg）	225
颜　色	自然色	弹性模量（MPa）	3300
相对密度（g/cm^3）	0.91	抗拉强度（MPa）	365
纤维长度（mm）	6；12；19	抗酸碱性	强

续表

项目	指标	项目	指标
直径（μm）	18	抗低温性	强
截面形状	圆形	吸水性	无
软化点（熔点）	165°C	导热性	低
拉伸极限（%）	27.2	单位质量纤维数	3亿/千克

2.1.4 水

水为城市自来水。

2.2 配合比的确定

混凝土配合比设计时，骨料以干燥状态为基准。干燥状态是指细骨料的含水率小于0.5%、粗骨料的含水率小于0.2%。纤维在混凝土中体积率0.05%～0.3%时称为低掺率，0.3%～1%时称为中掺率。本书研究采用低掺率，掺加纤维的方式为“外掺法”，因此其配合比设计不需要对原来设计的混凝土配合比进行任何改变。所以，纤维混凝土的配合比设计思路基本上遵循着普通混凝土的配合比设计思想。

混凝土配合比设计时应满足以下要求：

（1）满足施工要求的和易性。

（2）满足设计要求的强度等级。

（3）满足与使用条件相适应的耐久性。

（4）满足经济上合理，即水泥用量要少。

本抗裂试验以C25混凝土为例，以抗压强度为主进行配合比设计。试验根据混凝土设计强度等级为C25，按要求计算配制强度（$f_{cu,0}$），并求出相应的水灰比。该水灰比为基准配合比，较基准配合比分别增加或减少0.05，再取两个配合比，在保持相应坍落度的情况下，调整各水灰比对应的配合比，配制混凝土。由试验得出的各水灰比及相应的混凝土强度关系，用作图或计算法求出与混凝土配制强度（$f_{cu,0}$）相对应的水灰比，最终确定混凝土的配合比及每立方米混凝土的材料用量。

2.2.1 初步配合比的确定

（1）确定混凝土配制强度 $f_{cu,0}$

$$f_{cu,0} = f_{cu} + 1.645\sigma = 25 + 1.645 \times 5 = 33.225\text{MPa}$$

（2）确定水灰比 W/C

首先求出水泥的实际强度值：$f_{ce} = 1.13 \times 42.5 = 48\text{MPa}$

$$W/C = \frac{Af_{ce}}{f_{cu,0} + A \times Bf_{ce}} = \frac{0.48 \times 48}{33.225 + 0.48 \times 0.52 \times 48} = 0.51$$

（3）确定用水量 W

由于碎石最大粒径 $D_{max} = 20\text{mm}$，中砂，坍落度为 3 ~ 5cm，查相关表得用水量为 $W = 195\text{kg/m}^3$。

（4）确定水泥用量 C

$$C = \frac{W}{W/C} = \frac{195}{0.51} = 382\text{kg/m}^3 > 260\text{kg/m}^3 \quad \text{（最小水泥用量）}$$

则可得 $C = 382\text{kg/m}^3$。

（5）确定砂率 S_p

根据水灰比和碎石的最大粒径及中砂，查表取砂率 $S_p = 30\%$。

（6）计算砂用量 S 和石用量 G

根据体积密度法来计算砂用量和石用量，当混凝土所用原材料的性能相对稳定时，即使各组成材料的用量有所波动，但混凝土的体积密度 ρ_0 基本保持不变，接近于一恒定数值，因此可以根据公式计算出 S 和 G。

$$C + W + S + G = \rho_0$$

即，$\frac{382}{3.1} + 195 + \frac{S}{2.62} + \frac{G}{2.65} + 10 \times 1 = 1000$

$$\frac{S}{S + G} \times 100\% = 30\%$$

解之得：砂的重量 $S = 532\text{kg}$

石的重量 $G=1242\text{kg}$

再由砂的含水率为5%，得出初步配合比见表2-7。

混凝土初步配合比　　表2-7

	W_0	C_0	S_0	G_0	W/C
单位用量（kg/m^3）	167	382	560	1242	0.51

2.2.2 试验室配合比的确定

以 $W/C=0.51$ 为基准，水灰比0.46、0.56为对比配合比，保持相同坍落度的情况下，试配混凝土，测定其抗压强度，结果见表2-8。

各水灰比混凝土抗压强度（MPa）　　表2-8

W/C	7d	28d
0.46	20.6	35.9
0.51	20.4	32.8
0.56	18.4	30.2

通过比较，根据混凝土的配制强度，我们选用 $W/C=0.51$ 的水灰比。所以，最终确定混凝土配合比见表2-9。

混凝土配合比　　表2-9

	W_0	C_0	S_0	G_0	W/C
单位用量（kg/m^3）	167	382	560	1242	0.51

2.3 本章小结

本章以抗压强度为主进行了C25混凝土配合比设计计算，

本书的聚丙烯纤维混凝土中长期非荷载抗裂试验的最终混凝土配合比见表2-9，其能更好地满足抗裂试验需要的坍落度和强度等级。

第 3 章　聚丙烯纤维对现浇混凝土楼板中长期非荷载抗裂性能影响的试验研究

3.1　现浇钢筋混凝土楼板非荷载裂缝原因分析

楼板非荷载裂缝按出现的时间，分为早期裂缝、中期裂缝和长期（后期）裂缝。楼板收缩裂缝属于早期裂缝，一般出现在混凝土浇筑后的 1 个月内；楼板构造裂缝属于中期裂缝，一般出现在 6 个月以后；楼板温度裂缝和结构裂缝属于长期裂缝，一般在 1 ~2 年后出现[49]。

3.1.1　现浇混凝土楼板裂缝种类、形式及特点

1. 楼板裂缝的种类

(1) 收缩裂缝

混凝土在凝结、硬化过程中，由于材料年自身收缩而形成的裂缝，这类属于早期裂缝，一般出现在混凝土浇筑后的 1 个月中。

(2) 构造裂缝

现浇楼板厚度一般为 80 ~100mm，设计中将 PVC 电线管敷设于楼板内，使 PVC 管处的混凝土保护层减薄，易出现构造裂缝。这类属于中期裂缝，一般出现在混凝土浇筑 6 个月以后。

(3) 温度裂缝

由于温度变化，混凝土热胀冷缩而形成的裂缝。一般都集中于屋面板和建筑物上部楼层的楼板上。温度裂缝属于长期裂缝，一般在 1 ~2 年后出现。

(4) 结构裂缝

由于墙体刚度相对现浇楼板大，楼板刚度相对减弱，因此，

在一些薄弱部位和截面突变处，往往产生一些结构裂缝。例如墙角应力集中处的45°斜裂缝，板端负弯矩较大处的板面拉裂缝等。结构裂缝属于长期裂缝，一般在1~2年后出现。

2. 楼板裂缝的形式

（1）45°斜裂缝

该裂缝常出现于墙角，特别是建筑物端部最后一间，呈45°状。

（2）纵横向裂缝

该裂缝沿楼板纵横向出现，一般于跨中、支座、PVC电线管暗埋处等部位，呈直线或折线状。

（3）长裂缝

工程竣工后，发生在房间的预埋塑料电管的板面上出现裂缝，宽0.2~0.3 mm左右。

（4）不规则裂缝

出现部位、形状无规则或散状或龟裂状的裂缝。

（5）贯穿与不贯穿裂缝

绝大多数裂缝出现在楼板表面，为不贯穿裂缝，极个别裂缝从板面一直贯穿到板底。

3.1.2 现浇混凝土楼板早期收缩裂缝的原因分析

混凝土收缩值一般在（4~8）$\times10^{-4}$，混凝土的抗拉强度一般在2~4MPa，弹性模量在（2~4）$\times10^{-4}$MPa。由公式$\varepsilon=\sigma/E$（ε为应变值，σ为混凝土应力，E为混凝土弹性模量）可知，混凝土允许变形范围在万分之一左右，而混凝土实际收缩值在（4~8）$\times10^{-4}$，混凝土实际收缩大于允许变形范围，因此，混凝土早期收缩裂缝是不可避免的，关键在于控制裂缝的宽度和深度。

楼板表面不规则裂缝的产生主要是由于混凝土的收缩引起的。当混凝土在空气中结硬时，体积会收缩。混凝土收缩是指由于混凝土中所含水分的变化、化学反应及温度变化等因素引起的体积缩小。试验表明：混凝土的收缩随构件的体积与表面积的比值减少而增大，所以，板的收缩裂缝表现得尤为突出。混凝土在施工过程中过分振捣将使骨料沉落，表面形成的砂浆层比下层混凝土有较大收缩性，容易产生收缩裂缝，这也是裂缝不贯通的原因。另外，配合比中原材料石子太小、级配不合理、石子含泥量大、水泥用量较大、大坍落度混凝土等，都是加大混凝土的收缩变形，引起裂缝产生的原因。

良好的混凝土养护条件是避免混凝土出现早期裂缝的重要措施，但在实际操作过程中，由于养护措施不当或执行养护措施不力，而使实际的养护条件不能充分满足规范的规定。当夏天气候高温干燥，受太阳照射后的昼夜温差很大，现浇板的体表比较小，暴露在空气中的现浇板面积较大，这些条件使混凝土表面的水分蒸发更快，表面干燥速度更快，加速了混凝土的收缩速度，造成现浇板表面干缩而产生裂缝。

3.1.3 现浇混凝土楼板中长期非荷载裂缝的原因分析

1. 楼板中预埋 PVC 管影响

使用 PVC 管代替钢管埋设在楼板混凝土中：①削弱了板的有效截面；② PVC 管与混凝土的粘结效果差；③PVC 管与混凝土的线膨胀系数不一致，造成沿电线套管埋设方向产生应力集中，易产生中期构造裂缝。

2. 温度应力影响

混凝土楼板长期（后期）裂缝出现的主要原因是混凝土的温度变形及其产生的温度应力。砖混结构受温度应力影响，季节性温差、日温差、室内外温差造成混凝土线膨胀的积累（混凝土线膨胀系数为 $1.0\times10^{-5}/℃$，而砖的线膨胀系数为 $0.5\times10^{-5}/℃$），混凝土构件变形受到限制和约束，应力作用的结果使现浇板在相对薄弱处开裂。

3. 环境温度变化影响

钢筋混凝土梁、柱、墙、板等构件处在相同的大气环境中，当环境温度变化时，混凝土构件就会产生温度变形。砖混结构的现浇板厚度设计一般在 100～130mm 之间，厚度比较薄，而现浇板面积比较大，一般在500～900m^2之间。由于板的体积与表面积的比值最小，所以板的温度敏感性往往超前于其他构件，板的体积与表面积的比值越小，混凝土的收缩变形就越大。同时，当混凝土由于温度的影响产生收缩变形时，板的变形比梁的变形超前，在水平方向上楼板的收缩变形使板内出现拉应力，梁内呈压应力，板混凝土由于受到变形滞后的梁、墙的约束而产生拉应力，当拉应力超过混凝土的抗拉强度时，裂缝也就产生了；另一方面，多层砌体结构房屋的外纵墙与山墙在外界气温的影响下，历经热胀和冷缩的反复作用，双方作用的温差合力，使房间外墙角部楼板45°角方向将产生较大的主拉应力。以上两个作用力的叠加，对板形成不利状态之时，当板内拉应力大于混凝土的抗拉强度，同时楼板的变形大于配筋后混凝土的极限拉应变之时，楼板就会产生裂缝。裂缝的位置往往出现在约束最大、抗拉能力最小的部位。多层砌体结构房屋四大转角处是温度变形最大部位，板在四大转角处受的约束最大，而板内设计配筋都按平行板两边支座双向配置，造成转角处夹角平分线方向的抗拉能力最薄弱。因此，大多数现浇板上裂缝都沿外墙转角处分布，而且呈45°方向。如上海桃浦某幼儿园原砖女儿墙遭破坏后拆除重建改为钢筋混凝土女儿墙，不料半年后屋面板和挑沿开裂，一场大雨使室内木地板遭到破坏[49]。混凝土女儿墙膨胀受屋面板的约束而弯曲，挑沿由于受女儿墙的弯曲而产生主拉应力裂缝，屋面板也因女儿墙膨胀而拉断板角，形成45°裂缝，及在沿主梁平行方向受拉开裂，该屋面的刚性防水层也同时被拉裂渗漏。该幼儿园屋面板破坏裂缝属温度变形引起的长期裂缝，是一个较典型和直观的温度应力和温度变形引起的破坏。

据悉[48]，南宁市区的建筑，同样的楼板结构设计，相对于南侧而言，其北侧楼板裂缝出现的概率几乎为零。这表明气温变化、日晒等对楼板裂缝的产生有着非常显著的影响。短时间的太阳辐射引起的温度变化和骤然降温，如日落降温、寒流等引起的结构温度变化要给予重视和考虑。许多建筑工程的试验研究表明，这种结构温度变化会产生相当大的温差应力，致使混凝土工程结构产生严重裂损。

3.2 现浇混凝土楼板裂缝目前常用的控制措施

现浇混凝土楼板出现的早、中、长期裂缝，目前常用的防治措施如下。

1. 楼板表面龟裂、产生收缩早期裂缝的防治措施

（1）选用收缩性小的水泥品种，同时尽可能降低水泥的用量。高铝水泥及早强水泥其收缩值均比较大，在正常施工条件下一般不宜选用，可选用普通硅酸盐水泥和矿渣硅酸盐水泥。

（2）浇筑后的混凝土进行二次振捣，以排除混凝土因泌水在粗骨料、水平钢筋下部产生的水分和空隙，增强混凝土与钢筋的粘结作用，从而提高混凝土的抗裂性能。

（3）混凝土浇筑后及时加强养护，在混凝土表面经过二次抹压后，立即覆盖塑料薄膜或其他材料，采用保湿养护法，防止表面水分蒸发过快。

（4）选用级配合理的石子、中砂，严格控制水灰比和坍落度，优先选用传统拌制的半干硬性混凝土。由于目前泵送混凝土尚未解决好其坍落度大（一般在 160mm 以上），水灰比大，导致收缩率高，容易出现裂缝的问题，所以，浇筑楼板混凝土时应慎重选用。

（5）大部分外加剂能增加混凝土的收缩，这对裂缝的控制是不利的。因此，外加剂（如早强剂、缓凝剂、减水剂、引气剂等）的掺量，必须符合试验要求，千万不可过量；否则，混凝土的收缩量将增大。

（6）严格控制混凝土的入模温度，对暴晒的砂石在使用前洒水降温，浇筑混凝土前应对模板、模板内的钢筋骨架等与混凝土接触的表面洒水湿润降温，混凝土入模温度控制在 35℃

以下。

2. 楼板产生中期构造裂缝的防治措施

（1）楼板内的 PVC 管宜埋设在圈梁内，尽量减少穿过楼板。

（2）无法避免 PVC 管穿过楼板时，选用尽可能小管径，设置在板底层钢筋网片之上，上部负筋之下，并将管线上部紧绑在楼板的底筋上，尽量平行于板的支座的短边方向，严禁乱穿乱放。

（3）注意防止管线纵横叠压，以保证管线上部混凝土断面的厚度。如果管线上部的混凝土过薄，应在管线上下部位各设一道宽度不小于400mm 的钢丝网片作为补强措施，进行混凝土补强处理，增大 PVC 管附近混凝土的抗拉强度，有效防止裂缝的产生。

3. 楼板产生长期裂缝的防治措施

减少裂缝主要集中在提高混凝土的抗拉强度和减少温差影响两个方面。具体措施有：

（1）适当增加板厚，板厚与跨度比值取值提高到 1/35 ~ 1/30。

（2）提高板的配筋，条件允许的情况下对板采取双层双向配筋或在转角位置板的上部增设放射状构造钢筋。

（3）提高部分外墙的保温隔热标准，以减少温差对楼板变形的影响。

3.3 聚丙烯纤维对混凝土和易性的影响

新拌混凝土的和易性是混凝土的一项主要性能指标，和易性的好坏直接影响混凝土的施工性能及硬化混凝土的各种性能。混凝土的流动性、黏聚性与保水性往往是相互矛盾的，为满足施工要求，要提高混凝土的流动性，常常会降低黏聚性和保水性，进而导致混凝土的整体均匀性降低，影响了混凝土的性能。

为了解决这一问题，人们常常要加入保水剂等外加剂，而这些外加剂一般会产生一些负面影响。根据文献介绍，在混凝土中加入低掺率的合成纤维，混凝土的流动性会有所下降，黏聚性和保水性有所提高。目前，国内外采用的混凝土和易性试验方法很多，常用于评价混凝土工作性的方法有用于塑性混凝土的坍落度法和用于干硬性混凝土的维勃稠度法。其中坍落度法是目前使用最广的混凝土拌合物和易性试验方法。基于以上分析，本试验采取坍落度法来测定聚丙烯纤维对新拌混凝土和易性的影响。本书采用在每立方米混凝土中分别掺入长度为6mm、12mm和19mm格雷斯聚丙烯纤维各1kg后对混凝土的坍落度作了试验。

混凝土坍落度试验结果见表3-1和图3-1所示。

聚丙烯纤维掺量对混凝土的坍落度的影响　　　表3-1

编号	水（kg）	水泥（kg）	砂（kg）	石子（kg）	纤维（g）	坍落度（mm）
A1	2.0	4.6	6.7	14.9	12	35
A2	2.0	4.6	6.7	14.9	12	40
A3	2.0	4.6	6.7	14.9	12	40
D	2.0	4.6	6.7	14.9	0	45

注：A1、A2、A3分别表示掺量为1.0kg/m^{3}的格雷斯聚丙烯纤维（长度为6mm、12mm、19mm）混凝土，D为基准混凝土。

表3-1的测试结果表明，1.0kg/m^{3}的纤维掺量对混凝土的坍落度有所降低。

在测量坍落度值的同时，目测检查混凝土的黏聚性和保水性。用振捣棒在已经塌落的混凝土锥体一侧轻打，发现纤维混凝土轻打后锥体仅有轻微下沉，即使在多次敲打后，纤维混凝土锥体已明显发生倾斜，锥体也不发生倒塌、崩裂或离析现象。而普通混凝土锥体在轻打后则会发生崩裂现象，多次敲打后，

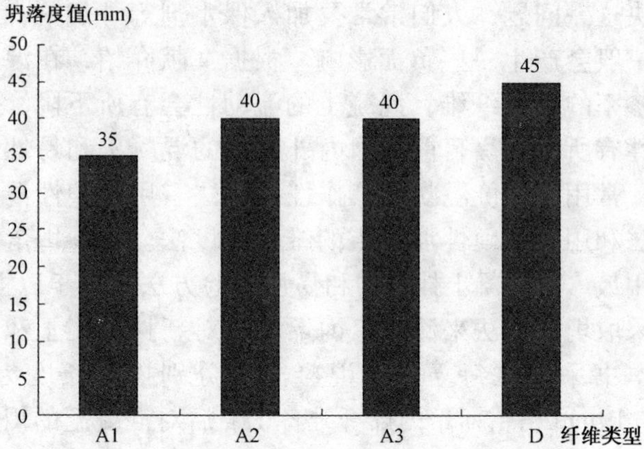

图 3-1　聚丙烯纤维对混凝土坍落度的影响

锥体倒塌。这足以说明聚丙烯纤维混凝土的黏聚性非常好。

保水性是以混凝土拌合物中稀浆析出的程度来评定的。坍落度筒提起后，发现普通混凝土和掺聚丙烯纤维混凝土都仅有较少的稀浆自底部析出。但聚丙烯纤维混凝土锥体试件含浆饱满，而普通混凝土锥体试件有部分骨料外露。这也说明聚丙烯纤维混凝土的保水性比普通混凝土要优越得多。这主要是由于纤维提供的各向同性的支撑，限制了水分从混凝土移向表面的速率和规模。所以，纤维能使混凝土中以及表面上的泌浆均匀。

综上所述，通过合适的搅拌工艺及纤维掺量，聚丙烯纤维混凝土与普通混凝土相比，坍落度有少许损失，但同时拌合物浆体更加均匀，泌水现象明显降低，黏聚性和保水性都有大幅度提高。同时，聚丙烯纤维在混凝土中较易分散且分散均匀。

坍落度测试的是混凝土在自重作用下锥体陷落的高度。坍落度的大小和新拌混凝土的抗剪强度相关联。由于聚丙烯纤维的直径小、数量多，像三维的“筛子”一样分布在新拌混凝土中，能有效阻碍各组成材料间的相对移动，因此，有增大混凝土黏聚性的功能。尤其当纤维掺量较高时，这种增稠作用相当明显。新拌混凝土的抗剪强度随着稠度的增大而提高，因此，当纤维掺量较高时，混凝土的坍落度会显著下降，这点在实际工程中应予以重视。

由于聚丙烯纤维具有对新拌混凝土的增稠效应，为保证混凝土的密实度，在施工时或试件制作时应随着纤维掺量的增大而适当延长振捣时间。但同时我们也要注意：只要纤维的掺量不是很高，这种坍落度的降低不是因为纤维吸水引起的，而是因为纤维对混凝土的增稠作用引起的，所以，纤维并不会影响混凝土的工作性能，对混凝土泵送的影响也不是很大。

3.4 聚丙烯纤维对混凝土的抗压强度的影响

抗压强度是混凝土配合比设计的标准，也是评价混凝土质量的尺度，混凝土抗压性能是混凝土的基本力学性能。目前，关于纤维在混凝土中对抗压强度的贡献，根据收集到的一些研究资料及实际工程的报告，有三种不同性质的结论。有些报告中所提供的测试结果表明，低掺率聚丙烯纤维加于砂浆或混凝土中对抗压强度没有显著的影响，如广东工业大学的苏建波、李士恩的研究结果、广州市住宅发展有限公司试验及《杜拉纤维混凝土在深圳市市民中心工程上的应用》、《聚丙烯纤维混凝土在以色列驻华大使馆工程中的应用》等工程报告；有些研究结果又表明由于纤维的加入可导致混凝土的抗压强度还略有降低，如同济大学的姚武和李杰等人的研究结论；但也有报告持相反观点，如葛洲坝水利集团的付华的实验、北京商品混凝土中心试验室的王玉棠的研究结论、美国有关研究机构，如H. H. Holmes Testing Laboratories Inc. 的研究和测试结果以及《杜拉纤维在蓝海洋工程中的应用》、《聚合物纤维混凝土在渠道防渗中的应用》、《聚丙烯纤维混凝土在路面工程中的应用》、《改性聚丙烯纤维在高寒地区工程中的应用》等工程报告表明，一定掺量的聚丙烯纤维（杜拉纤维）对混凝土结构体的抗压强度有增强的效果。

为了研究合成纤维对混凝土强度的影响，本书分别对掺入聚丙烯和聚丙烯腈纤维混凝土试件的抗压强度进行了实验研究。

3.4.1 试验方法

1. 试件要求

本试验采用边长150mm的立方体标准试件，每组3个试件。

2. 试验步骤

（1）混凝土搅拌

先加入水泥、骨料和聚丙烯纤维于强制性搅拌机中搅拌2min左右，然后再加水湿拌3min。

（2）试件浇筑

混凝土浇筑前，先清理试模，且在内表面刷上一层机油，以便于以后拆模。把混凝土拌合物一次性装入试模，并稍有富余；然后，把试模置于振动台上，振动直至表面开始泛浆，振动结束后用抹子沿试模边缘将多余的拌合物刮去，并随即用抹子抹平表面。

（3）试件养护

混凝土试件成形后用塑料薄膜覆盖表面，以防止水分蒸发，并在20±5℃情况下静置一昼夜，然后编号拆模。拆模后的试件立即放入温度20±2℃，湿度为95%以上的标准养护室养护。

（4）试件加压直至破坏

①试件从养护地点取出后，将试件表面与压力机承压板面擦干净；

②将试件安装在试验机的下压板上，试件承压面与试件成形面垂直。试件中心与试验机下压板中心对准，开动试验机，当上压板与试件接近时，调整球座，使接触均衡；

③在试验加压过程中，调节试验机油门，保持均匀加荷，加荷速度控制在每秒0.5~0.8MPa；

④当试件接近破坏开始急剧变形时，停止调整试验机油门，直至破坏，然后记录破坏荷载。

3. 试验结果计算

混凝土立方体抗压强度应按式（3-1）计算。

$$f_{cc}=\frac{F}{A}=\frac{F}{22500} \tag{3-1}$$

式中 f_{cc}——混凝土立方体试件抗压强度（MPa）；

F——试件破坏荷载（N）；

A——试件承压面积（mm^2）。

混凝土立方体抗压强度计算精确至0.1MPa。以每组3个试件测值的算术平均值作为该组试件的强度值。三个测值中的最大值或最小值如有一个与中间值的差值超过中间值的15%，则把最大及最小值一并舍除，取中间值作为该组试件的抗压强度值。如果最大值和最小值与中间值的差均超过中间值的15%，则该组试件的试验结果无效。

3.4.2 试验结果与分析

表3-2和图3-2给出了不同龄期素混凝土试件和纤维混凝土试件抗压强度的测试数据。

合成纤维对不同龄期混凝土抗压强度影响的试验结果　表3-2

龄期 编号	7d		28d	
	实测值（MPa）	相对值	实测值（MPa）	相对值
A1	25.4	124.6	35.6	108.6
A2	24.0	117.8	36.2	110.3
A3	26.7	131.1	38.1	116.1
B	20.8	102.1	32.5	99.0
C	23.6	116.1	34.0	103.7
D	20.4	100	32.8	100

注：A1、A2、A3、B、C分别表示掺量为1.0kg/m^3的格雷斯聚丙烯纤维（长度为6mm、12mm、19mm）混凝土、长坚聚丙烯纤维混凝土和路威2002聚丙烯腈纤维混凝土，D为基准混凝土。

从表3-2和图3-2可以看出，所有系列混凝土抗压强度都随着龄期的增长而增长。各个系列在各龄期的抗压强度值相差并不大。与普通混凝土相比，掺入1.0kg/m^{3}A1型聚丙烯纤维混凝土的7d、28d抗压强度分别增加了24.6%和8.6%；掺入1.0kg/m^{3}A2型聚丙烯纤维混凝土的7d、28d抗压强度分别增加了17.8%和10.3%；掺入1.0kg/m^{3}A3型聚丙烯纤维混凝土的7d、28d抗压强度分别增加了31.1%和16.1%；掺入1.0kg/m^{3}B型聚丙烯纤维混凝土的7d，抗压强度增加了2.1%，但28d抗压强度降低了1%；掺入1.0kg/m^{3}C型聚丙烯腈纤维混凝土的7d、28d抗压强度分别增加了16.1%和3.7%。从上述试验数据可以看出，合成纤维对混凝土7d抗压强度的增强作用较28d抗压强度的增强作用明显。

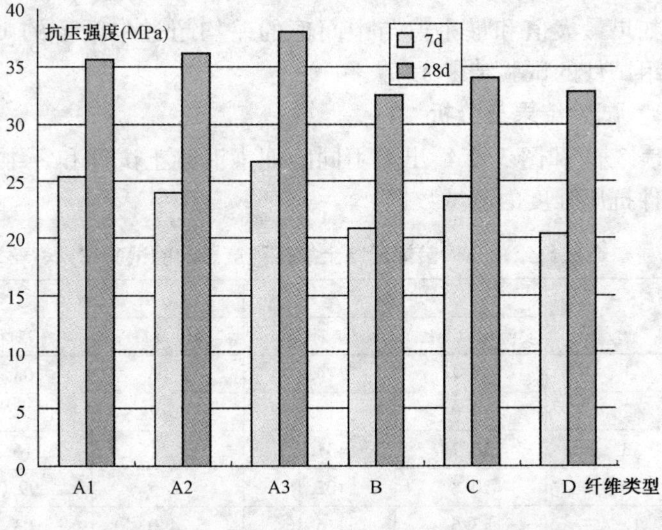

图3-2 不同龄期聚丙烯纤维对混凝土抗压强度影响对比图

对于立方体抗压强度，从A型（格雷斯聚丙烯纤维）试验的数据上看，除A2组外（7d抗压强度），掺纤维的混凝土立方体抗压强度随着纤维长径比的增大，其增强效果也增大。这说明我们在选择纤维长度时应与粗骨料的粒径相适应，直径越大的粗骨料，应选择较长的纤维。但纤维较长时，必须下工夫解决分散性问题；B 型（长坚聚丙烯纤维长 12mm）的增强效果不如同类型的 A2 型；C 型（路威聚丙烯腈纤维长 6mm）的增强效果不及同类型的 A1 型；A3 型纤维混凝土在破坏时所表现的延性比其他类型要稍好，且纤维混凝土的强度随着纤维长度的增加呈现增加趋势。而且试件在掺入合成纤维后，混凝土的韧性都有很大提高，分析其原因在于纤维的阻裂效应。

由试验现象和试验结果可以得出：聚丙烯纤维因为弹性模量低，并且所掺加的聚丙烯纤维属于低掺率的，所以，对混凝土的抗压强度的极限荷载影响不是很大，并且试验误差很有可能掩盖聚丙烯纤维对强度的贡献，但是掺加聚丙烯纤维能够提高试件破坏时的变形和试件开裂后的承载性能。在试验过程中，笔者发现混凝土中由于纤维的加入，增大了混凝土压缩破坏时的延性。混凝土并不出现崩碎和突然的强度降低，而是在达到峰值后强度逐渐降低，表现出一定的破坏过程，出现破坏征兆，是混凝土表现出延性破坏的性质。这在本次试验过程中也得以证实，加入合成纤维的立方体试件从加载开始直至试件破坏仍保持整体性，而素混凝土试件则被压成碎块（图 3-3、图 3-4）。而且由于纤维减少了混凝土中原生裂缝，并且限制了混凝土中裂缝的发展延伸，所以纤维混凝土的开裂荷载较素混凝土要大。

图 3-3　普通混凝土立方体试件破坏情况

图 3-4　纤维混凝土立方体试件破坏情况

混凝土的破坏过程是由于在外力作用下微裂缝的形成、扩展和失稳而导致破坏的，混凝土的破坏过程与其内部裂缝的发展有着密切的关系。在混凝土结构形成过程中，聚丙烯纤维阻止了裂缝的引发，减少了裂缝源的数量，使裂缝尺度变小，同时由于有纤维的存在，在破坏之前有大范围的缓慢稳定裂缝扩展，以及裂缝尖端存在微裂区或裂纹过渡区。纤维混凝土的裂缝扩展过程大致是：随着荷载的增加，当裂缝扩展通过纤维增强效应区时，裂缝将受到纤维的阻挡而缓慢发展或改变方向绕过纤维而在另一个较易通过的区域内通过，然后又被其他纤维阻挡。与此同时，开裂区的纤维将提供拉拔阻力，阻止裂缝张开。由于纤维乱向分布的特点，使这种开裂和阻裂也是乱向的，这样就增加了裂缝开裂路径的曲折性，使纤维混凝土材料在荷载作用下表现为裂缝缓慢的增长。由于裂缝缓慢增长的结果，混凝土中扩展延伸裂缝所需的能量随裂缝延伸而增加直至能量达到临界值而发生裂缝快速扩展而断裂，使整个破坏过程延缓，改善了混凝土的脆性。而微裂缝的扩展速度对抗拉强度的影响远大于对抗压强度的影响。因此，合成纤维的掺入也大幅度提高了混凝土的抗拉性能，进而提高了混凝土的韧性，减缓混凝土脆性破坏的过程（与目前的试验结果一致，故本论文不再重复纤维混凝土的抗拉强度试验）。

另一方面，从宏观上看，合成纤维的加入，提高了混凝土产生裂缝时的抵抗变形性能。由于合成纤维的抗拉强度较高，具有较强的变形能力，与水泥砂浆之间粘结牢固。当应力自基体传给聚丙烯纤维时，纤维因变形而消耗能量，使混凝土达到初裂时的荷载及宏观变形能力增大；其次，因合成纤维具有良好的延性，极限变形值很大，混凝土一经开裂，聚丙烯纤维将发生极大变形，使开裂的混凝土的变形值达到很大。因此，由于合成纤维的存在，可提高了混凝土的抗压强度和抗拉强度，达到了增韧的目的。

从理论上讲，掺纤维后试件的强度应随着纤维掺量的增加而提高，但当纤维掺量达到某一数值后，其抗压强度开始下降。本次试验未能体现出立方体抗压强度提高最大时的纤维掺量，这是因为笔者认为合成纤维用于提高混凝土的强度是不经济的。掺量过大时，反而对混凝土的性能有负面影响。而且纤维混凝土的抗压强度和纤维的品牌、纤维的长径比、混凝土强度等级等因素都有关系。与此同时，笔者还发现各种研究资料及实际工程报告中所采用的配合比与本试验所采用的配合比都是不相同的。所以笔者认为除了混凝土本身的离散性外，混凝土配合比的不同对纤维混凝土抗压强度变化有较大影响。总的来说，纤维对混凝土的增强作用应该在低强度等级混凝土中体现的更明显。但纤维混凝土应用于实际工程中，尚有相当工作要做，故目前仍把普通混凝土的抗压强度作为纤维混凝土的设计抗压强度。

在分析了本次试验的测试结果之后，参考有关研究资料及实际工程的报告，可以得出结论：普通混凝土由于脆性、自收缩开裂和内部微裂缝的存在，使其抗拉强度远小于抗压强度，而加入合成纤维后，可克服普通混凝土的缺点，从而使纤维混凝土的抗压、抗拉性能都有所提高，韧性也有较大提高。低掺率的聚丙烯纤维和聚丙烯腈纤维对混凝土的抗压强度有增强作用，但普通混凝土和纤维混凝土之间的抗压强度差异主要取决于混凝土的配合比方案。而高掺率的聚丙烯纤维和聚丙烯腈纤维混凝土由于分散性和经济性等问题，一般不予采用，故本书不作研究。

3.5 聚丙烯纤维对混凝土中长期非荷载抗裂性能的影响

聚丙烯纤维混凝土阻止裂缝的试验评定方法目前还不统一，一般采用对比试验的方法得出裂缝降低率。试验所采用的试件形式可分为两类，一种是平板试件，一种是圆筒试件。平板试件是将试件四周用锚栓锚固在模框上，试件底面用塑料薄膜与底模隔离，试件浇筑完毕后按规定的时间开始进行干燥暴露试验；圆筒形试件是在圆筒形钢筒内模外覆薄膜，并在其外立圆筒形可拆卸的外模，在其中浇筑纤维混凝土试件，在混凝土终凝时拆下外模，进行干燥暴露试验。平板试件不需拆模板，操作简便，开始干燥的时间容易控制，暴露面接受光照吹风时比较均匀，量测裂缝长度与宽度的操作也较为方便。所以在做中、长期抗裂性对比试验时，本试验采用的是平板试件。

3.5.1 试验方案

1. 试件尺寸及制作方法

混凝土试件采用600mm×600mm×63mm的片面薄板[29]。模具边框用63mm×40mm×6.3mm的槽钢制作，边框内设ϕ6双排栓钉，间距40mm，栓钉分别按50mm和100mm长短间隔布置。底板采用20mm厚的密度板，在底板上铺设聚乙烯薄膜隔离层。底膜下设木方横肋，以确保浇筑混凝土后底板不变形。(见图3-5)

2. 原材料

水泥、水、碎石、砂及聚丙烯纤维。聚丙烯纤维的规格为：格雷斯聚丙烯纤维(A1型-6mm；A2型-12mm；A3型-19mm)，见图3-6。

图3-5 600mm×600mm×63mm试件模具

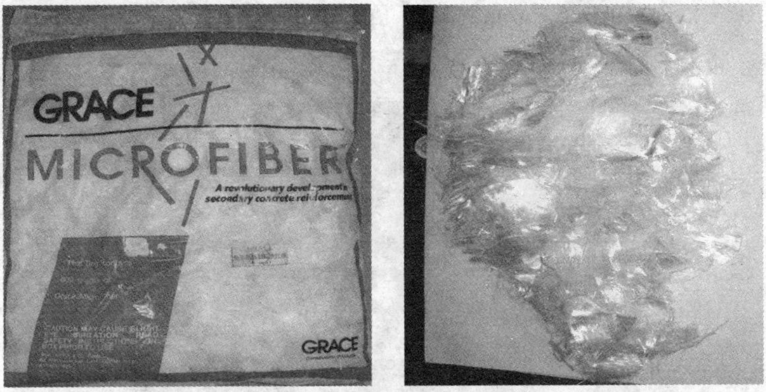

图 3-6　格雷斯聚丙烯纤维

3. 纤维混凝土的搅拌

采用强制式搅拌机，拌合方法采用先干后湿法，即先加砂、石、纤维、水泥干拌 1 ~ 2min，然后加水湿拌 2 ~ 3min。

4. 配合比

纤维混凝土按拟定采用的配合比（见表 2-9）配制，基体混凝土应以纤维混凝土配合比取消纤维，其他组分不变。纤维混凝土中纤维以外掺的方式加入，每立方米混凝土中分别加入纤维 0. 3kg、0. 6kg、1. 0kg、1. 5 kg。

5. 试件养护

试件在浇筑、振实、抹平后立即用塑料薄膜覆盖，2h 后取下薄膜，正式开始试验。环境温度宜为 20℃ ±2℃，相对湿度不大于 65%。

6. 试验试件

试验试件分 A1、A2、A3 组（每组按掺量不同各 4 块试件）和 D 组（无掺量的 1 块试件），共 13 块试件，试件见图 3-7，试件编号见表 3-3。先将所有 13 块试件做 24h 早期抗裂试验来验证纤维混凝土的早期抗裂效果，再选择 A2 型 - 12mm（掺量 0. 3 kg/m^3、0. 6 kg/m^3、1. 0 kg/m^3 的三块）；A3 型 - 19mm（掺量0.3 kg/m³、0.6 kg/m³、1.0 kg/m³ 的三块）及D组共7块试件，将进行中长期抗裂试验。

图3-7 试验试件

平板试验试件组别编号 **表3-3**

组别及编号		纤维掺量（kg/m³）	组别及编号		纤维掺量（kg/m³）	组别及编号		纤维掺量（kg/m³）
A1	A1-1	0.3	A2	A2-1	0.3	A3	A3-1	0.3
	A1-2	0.6		A2-2	0.6		A3-2	0.6
	A1-3	1.0		A2-3	1.0		A3-3	1.0
	A1-4	1.5		A2-4	1.5		A3-4	1.5
D组		0						

注：A1型-6mm；A2型-12mm；A3型-19mm；D组：掺量为0 kg/m³ 的对比组。

3.5.2 试验及评定方法

1. 试验方法

（1）早期抗裂试验：试件成形2h后取下塑料薄膜，取出试件，用吹风系统吹试件表面，风向平行试件表面，风速5m/s，环境温度20℃ ±2℃，相对湿度不大于65%。成形后24h，观察所有试件裂缝数量、宽度和长度。

（2）中长期抗裂试验：每隔天持续 6h，用吹风系统吹试件表面，风向平行试件表面，风速 5m/s，试件上方用碘钨灯照烤，试件表面温度与周围环境温度差控制在 15～20℃，以模仿室外楼板环境。龄期分别为 28d、60d、120d、180d 时再观察 A2 型-12mm；A3 型-19mm；D 组试件的裂缝数量、宽度和长度。

2. 裂缝的测量方法

裂缝长度以肉眼可见裂缝为准，用钢尺测量其长度，近似取裂缝两端直线距离为裂缝长度，当裂缝出现明显弯折时，以折线长度之和代表裂缝长度。用 DJCK-2 裂缝测宽仪（分度值为 0.01mm，见图 3-8）测读裂缝宽度，取裂缝中点附近裂缝宽度代表该裂缝最大宽度。

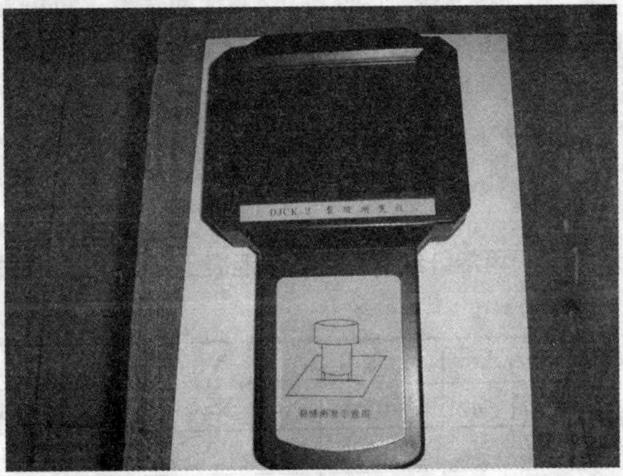

图 3-8　DJCK-2 裂缝测宽仪

3. 计算裂缝总面积

按下列公式计算裂缝总面积：

$$A_{cr}=\sum_{i=1}^{n} w_{i\max} l_i \tag{3-2}$$

式中　A_{cr}——试件裂缝名义总面积（mm^2），纤维混凝土试件记

作 A_{fcr}，对比用的基本试件记作 A_{mcr}；

$w_{i\max}$——第 i 条裂缝名义最大裂缝宽度，取该裂缝中点附近裂缝宽度（mm）；

l_i——第 i 条裂缝长度（mm）。

4. 计算裂缝降低率

按下列规定计算裂缝降低率 η：

$$\eta = \frac{A_{mcr} - A_{fcr}}{A_{mcr}} \tag{3-3}$$

3.5.3 试验装置系统示意图

整个试验系统如图 3-9（a）、（b）所示。试件上部为吹风系统，混凝土表面的风速为 5m/s，通过混凝土试件的上方的风扇来控制。周围环境的温度保持 20℃ ±2℃，相对湿度不大于 65%。试件上方用碘钨灯照烤，试件表面温度与周围环境温度差控制在 15 ~20℃，以模仿室外楼板环境。

3.5.4 试验结果

（1）纤维混凝土和基准混凝土的早期抗裂性能试验结果见表 3-4。

成形后 24h 聚丙烯纤维混凝土与素混凝土塑性收缩裂缝对比

表 3-4

掺量 / 品种	0.3 kg/m³		0.6 kg/m³		1.0 kg/m³		1.5 kg/m³	
	A_{cr}	η	A_{cr}	η	A_{cr}	η	A_{cr}	η
A1	70744	20	11959	87	6501	93	4192	95
A2	30112	66	9028	90	3299	96	3298	96
A3	18772	79	6987	92	2426	97	1495	98
D	88937	0	88937	0	88937	0	88937	0

注：1. A_{cr}表示试件裂缝名义总面积，单位：$mm^2 \times 10^{-2}$；η 表示裂缝降低率，单位:%。

2. 品种为：A1 型-6mm；A2 型-12mm；A3 型-19mm。

（2）纤维混凝土和基准混凝土的中、长期抗裂性能试验结果见表 3-5、表 3-6 所示。

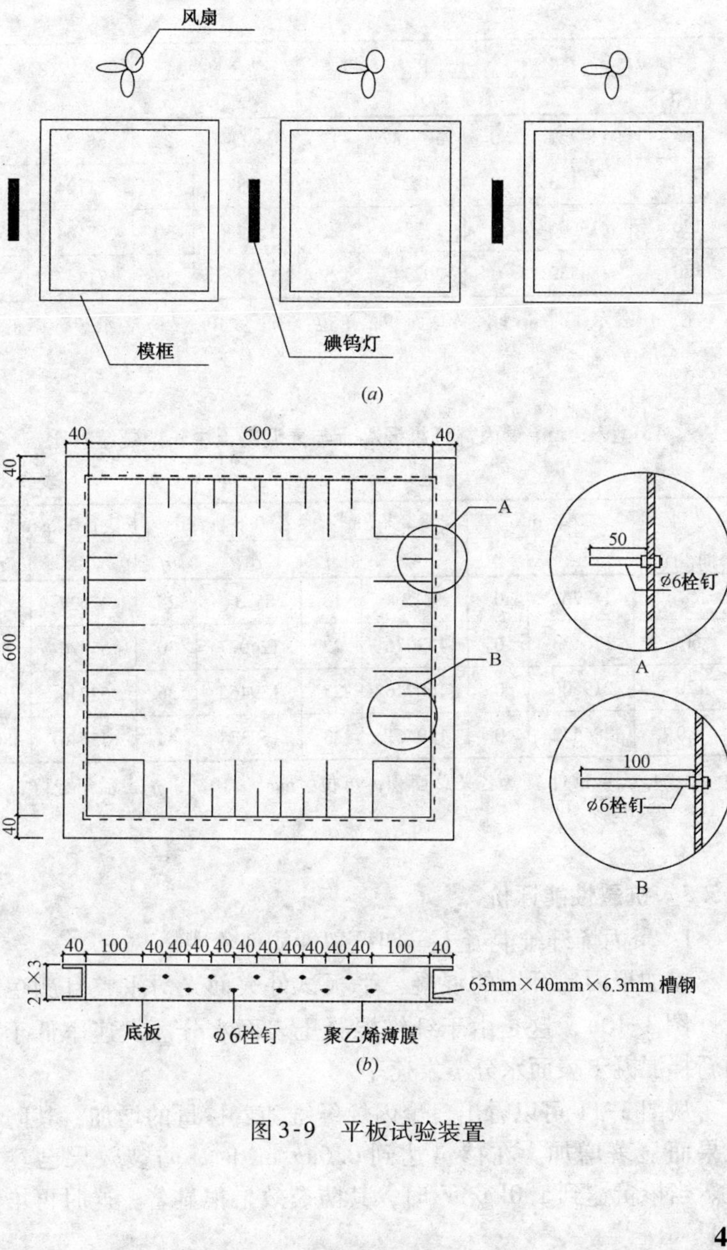
风扇
模框
碘钨灯
(a)
40
600
40
40
600
40
A
B
50
ø6栓钉
A
100
ø6栓钉
B
40 100 40 40 40 40 40 40 40 40 40 40 100 40
21×3
63mm×40mm×6.3mm 槽钢
底板
ø6栓钉
聚乙烯薄膜
(b)

图 3-9　平板试验装置

A2 型-12mm 聚丙烯纤维混凝土与素混凝土中长期裂缝对比

表 3-5

掺量 龄期(d)	0kg/m^3		0.3 kg/m^3		0.6 kg/m^3		1.0 kg/m^3	
	A_{cr}	η	A_{cr}	η	A_{cr}	η	A_{cr}	η
28	113767	0	100187	12	89234	22	55876	51
60	176123	0	142276	19	129877	26	71124	60
120	219606	0	172346	22	153466	30	68564	69
180	284532	0	202346	29	173378	39	71347	75

注：A_{cr}表示试件裂缝名义总面积，单位：$mm^2 \times 10^{-2}$；η 表示裂缝降低率，单位:%。

A3 型-19mm 聚丙烯纤维混凝土与素混凝土中长期裂缝对比

表 3-6

掺量 龄期(d)	0kg/m^3		0.3 kg/m^3		0.6 kg/m^3		1.0 kg/m^3	
	A_{cr}	η	A_{cr}	η	A_{cr}	η	A_{cr}	η
28	113767	0	96234	15	85234	25	47634	58
60	176123	0	137076	22	124077	30	55976	68
120	219606	0	160946	27	139466	36	53946	75
180	284532	0	189461	33	160378	44	55646	80

注：A_{cr}表示试件裂缝名义总面积，单位：$mm^2 \times 10^{-2}$；η 表示裂缝降低率，单位:%。

3.5.5 抗裂性能评价

1. 聚丙烯纤维混凝土早期抗裂性能评价[48]

掺加聚丙烯纤维的混凝土平板试件表面光滑平整且颜色发青（图 3-10），这是由于纤维混凝土表面水分蒸发速率低于普通新拌混凝土表面水分蒸发速率。

从图 3-11 可以看出，聚丙烯纤维随着掺量的增加，其防裂效果而显著增加。在掺量达到 0.6kg/m^3 时，防裂效果已经明显。当掺量达到 1.0kg/m^3 时，其防裂效果很显著。这时再增加

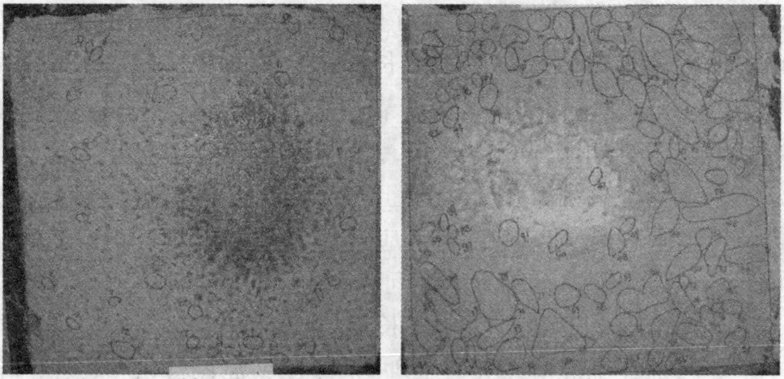

(*a*)　　　　　　　　　　　　(*b*)

图 3-10　试件表面开裂情况

（*a*）A2 组开裂情况；（*b*）A3 组开裂情况

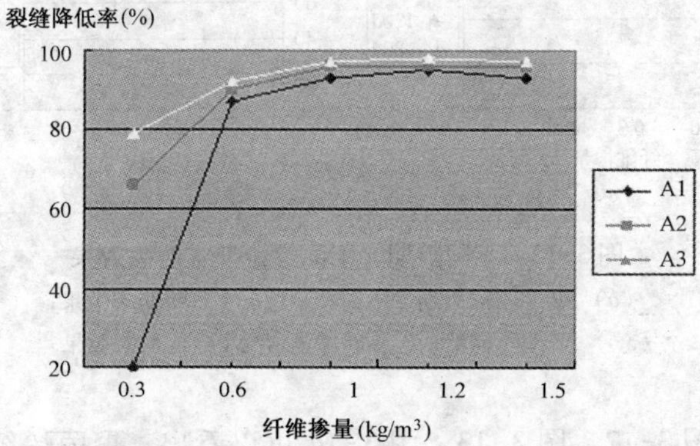

图 3-11　不同类型、不同掺量情况下纤维早期防裂效果

纤维的掺量，防裂效果提高已经不再明显。故建议聚丙烯纤维用于混凝土防裂的合理掺量在 0.6～1.2kg/m^3 之间，防裂效果较好，掺量过小防裂效果不明显，掺量过大没有必要，也不经济，有时还可能会对混凝土造成一些负面影响。

同等掺量的 A3 组抗裂效果要优于 A2 组，A2 组抗裂效果要优于 A1 组。这是因为混凝土的各组成成分粒径相差较大，石子的粒径达到了20mm。长纤维可与基体混凝土形成三维交错的网格，而短纤维的效果显然不及长纤维。同时，从试验的现象来看，A3组裂缝比较细小，属于表面裂缝，这也说明长纤维细化裂缝的作用更加明显。故建议，短纤维主要用于素水泥浆或水泥砂浆，长纤维主要用于混凝土。纤维长度应与粗骨料的粒径相适应，直径越大的粗骨料，应选择较长的纤维。但纤维较长时，必须注意解决纤维分散性问题。

2. 聚丙烯纤维混凝土中、长期抗裂性能评价

聚丙烯纤维混凝土中、长期抗裂效果如图3-12～图3-14所示。

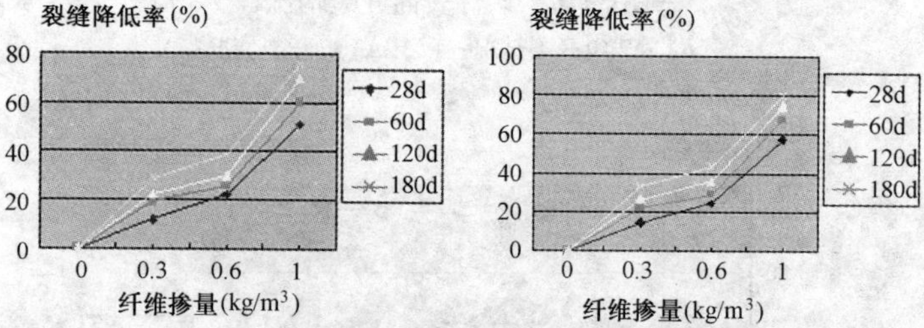

图3-12　不同龄期、不同掺量纤维防裂效果

（*a*）A2组不同龄期、不同掺量情况下纤维防裂效果；

（*b*）A3组不同龄期、不同掺量情况下纤维防裂效果

从图3-12、图3-13、图3-14可以看出，聚丙烯纤维对混凝土中、长期防裂性能有较大的影响：

（1）从图3-12（*a*）、（*b*）看到，相同掺量纤维混凝土，随着龄期的增加，防裂效果增加。如掺量为0.3 kg/m^3 的A2型-12mm聚丙烯纤维混凝土，龄期分别为28、60、120、180d时，其裂缝降低率与素混凝土相比分别为12%、19%、22%、29%；纤维掺量为0.6kg/m^3 的A3型-19mm聚丙烯纤维混凝土，龄期分别为28、60、120、180d时，与素混凝土相比其裂缝降低率分别为25%、30%、36%、44%，防裂效果较好。

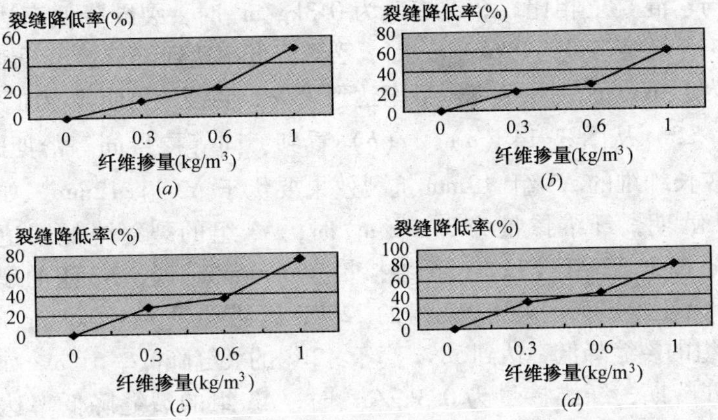

图 3-13　不同龄期下 A2、A3 组掺量防裂效果

(*a*) 28d 龄期 A2 组不同掺量纤维防裂效果；(*b*) 60d 龄期 A2 组不同掺量纤维防裂效果；(*c*) 120d 龄期 A3 组不同掺量纤维防裂效果；(*d*) 180d 龄期 A3 组不同掺量纤维防裂效果

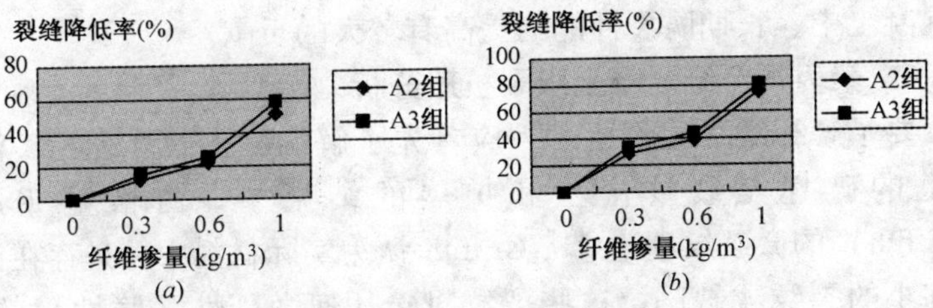

图 3-14　不同龄期 A2、A3 组防裂效果比较

(*a*) 28d 龄期 A2、A3 组防裂效果比较；(*b*) 180d 龄期 A2、A3 组防裂效果比较

(2) 从图 3-13 (*a*)、(*b*)、(*c*)、(*d*) 看到，相同龄期的纤维混凝土，随着聚丙烯纤维掺量的增加其防裂效果增加，当掺量达到 1.0kg/m³ 时，其防裂效果更显著。如在 28d 龄期，A2 组与素混凝土相比，纤维掺量为 0.3kg/m³ 时，裂缝降低率达到 12%，纤维掺量为 0.6kg/m³ 时，裂缝降低率达到 22%；当纤维掺量为 1.0kg/m³ 时，裂缝降低率达到 51%；在 120d 龄期，A3

组与素混凝土相比，纤维掺量为0.3kg/m^3 时，裂缝降低率达到27%，纤维掺量为0.6kg/m^3 时，裂缝降低率达到36%，当纤维掺量为1.0kg/m^3 时，裂缝降低率达到75%，防裂效果明显增加。

（3）从图3-14（*a*）、（*b*）看到，同等掺量同等龄期时，掺较长纤维的A3组-19mm抗裂效果要优于A2组-12mm。如在28d龄期，纤维掺量为0.3kg/m^3 时，A3组的裂缝降低率达到15%高于A2组的12%；纤维掺量为0.6kg/m^3 时，A3组的裂缝降低率达到25%高于A2组的22%，纤维掺量为1.0kg/m^3 时，A3组的裂缝降低率达到58%高于A2组的裂缝降低率51%。如在180d龄期，纤维掺量为0.3kg/m^3 时，A3组的裂缝降低率达到33%高于A2组的29%；纤维掺量为0.6kg/m^3 时，A3组的裂缝降低率达到44%高于A2组的39%，纤维掺量为1.0kg/m^3 时，A3组的裂缝降低率达到80%高于A2组的裂缝降低率75%。

由试验结果分析看出，聚丙烯纤维对混凝土的早期防裂具有非常好的效果，对混凝土中、长期裂缝也有较好的抑制作用，对混凝土中、长期防裂性能的提高有较大的贡献。

3.5.6 聚丙烯纤维混凝土阻裂机理分析

要了解纤维的阻裂机理，应首先了解混凝土破坏理论，混凝土的破坏是裂纹产生和扩展的结果[50]。由格里菲思（Griffith）的微裂纹理论[50]，Griffith认为实际材料中总是存在许多细小的裂纹或缺陷。这些裂纹对于任何微延性（脆性）的，即永久变形能力很小的材料，都有损于强度。特别是长度方向与作用拉应力垂直的裂纹，会在裂纹端部产生应力集中现象。从而使实际局部应力达到材料的理论强度，裂纹开始扩展而导致断裂。所以断裂并不是两部分晶体同时沿整个界面拉断，而是裂纹扩展的结果。物体内部储存的弹性应变能的降低（或释放）就是裂纹扩展的动力。

Ingiis研究了微裂纹端部应力集中的问题[50]。他发现，不论裂纹是圆、椭圆或其他形状，其端部的应力是由裂纹的长度（$2a$）和端部曲率半径（ρ）决定，即

$$\sigma_{max} = \sigma\left[1 + \left(\frac{a}{\rho}\right)^{\frac{1}{2}}\right] \tag{3-4}$$

式（3-4）中，σ_{max}是裂纹尖端处的最大应力；σ 是外加应力。$\frac{\sigma_{max}}{\sigma}$称为应力集中系数，它的大小表明外力施加于材料时，裂纹端部应力增加的倍数，它由 a 和 ρ 决定。若裂纹是一个圆孔，即 $a=\rho$，则该系数等于2，裂纹端部应力增大了 2 倍。因此，当外力还不大时，裂纹端部受力就已超过其理论强度，使裂纹扩展。而 a 增大，相应系数也进一步增大，如此相互作用导致材料断裂。

设有一块无限大的单位厚度的薄板，在均匀外力作用下出现一条长度为 $2a$ 的椭圆状微裂缝。其周围材料内积蓄的应变能减少量为 $U=\pi a^2\sigma^2/E$，而形成裂纹所需的表面能 $T=4a\gamma$。这样裂纹扩展所必需的能量为：

$$W = T - U = 4a\gamma - \frac{\pi a^2\sigma^2}{E} \tag{3-5}$$

当 $a \geqslant a_0$ 时（a_0 为临界裂缝长度），裂缝才能自动扩展而使薄板断裂，因此，临界应力为

$$\sigma_c = \sqrt{\frac{4E\gamma}{\pi a_0}} \tag{3-6}$$

Grifith 微裂纹理论确定了材料的断裂强度取决于它的临界裂纹长度。由于裂纹的伸长要产生新表面，需要系统外提供表面能，而同时它又向外释放应变能。如果把应变能和表面能视作裂纹长度的函数，当裂纹延伸时，T 增大而 U 减小，如图 3-15 所示，虚线为二者之和。

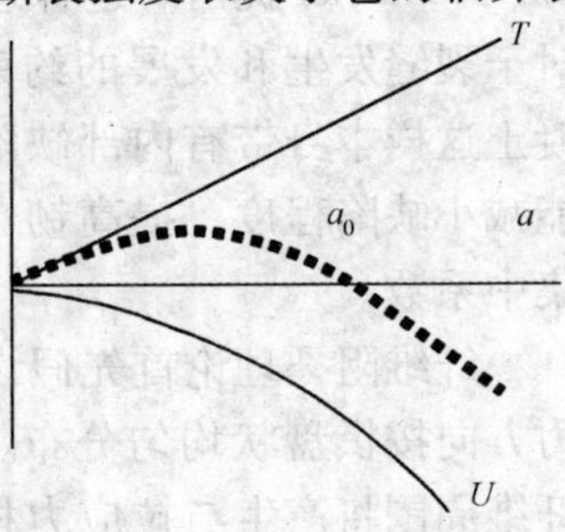

图 3-15　能量 U、T 与裂纹长度 a 的关系

当裂纹长度达到临界长度 a_0 时产生新表面需要做功的速率与释

放应变能的速率相等，就形成不稳定条件。也就是说，当裂纹长度大于 a_0 时，系统具有的能量超过了裂纹继续延伸所需要的能量，这时裂纹不仅会继续扩展，而且扩展的速度还会逐渐加快。因为裂纹长度 a_0 继续延伸，其扩展需要的应力越来越小。在应力很小甚至是零应力时，就会发生迅速的断裂。裂纹会增殖分叉，形成更新表面，并使得表面粗糙呈波纹贝壳状，高低不平，以便能吸收更多的应变能。由此使材料形成粉碎性破坏。对于脆性混凝土材料，虽然其构件内部存在大量微裂纹，仍能承受一定的荷载；但一旦过载，将由于内部微裂纹的迅速扩展导致结构突然破坏。

根据 Grifith 微裂纹理论，可以人为地在材料中造成大量小于临界长度的微裂纹，用于吸收其扩展时积蓄的弹性应变能来阻止裂纹扩展。所以在制备混凝土时加入聚丙烯纤维可细化混凝土内的裂纹即减小微裂纹的长度，增加其韧性，提高混凝土构件的抗裂性能。那么，纤维又是如何达到阻裂的呢?

关于纤维对水泥基材的阻裂理论有两种，这两种理论从不同角度来解释纤维对混凝土的阻裂机理。一是英国人 Swamy 提出的“复合材料理论”，二是美国 Romualdi 等人提出的“纤维间距理论”。

纤维间距理论又称为纤维阻裂理论，早期由 Romualdi、Batson 与 Mandel 提出。这种理论根据线弹性断裂力学来说明纤维对于裂缝发生和发展的约束作用。该理论认为，若想增强像混凝土这样本身带有内部缺陷的脆性材料的抗拉强度，必须尽可能减小缺陷程度，提高韧性，降低混凝土体内裂缝端部的应力集中系数。

纤维阻裂理论首先假设单向连续纤维混凝土的纤维在拉应力方向按棋盘状均匀分布。由于拉应力作用，在临近于裂缝的纤维周围将产生与拉应力相反的粘结应力分布，起着约束裂缝开展的作用。如果设拉应力引起的内部裂缝端部产生应力集中系数 K_o，当裂缝扩展到基体与纤维界面时，与裂缝端部相邻近的粘结应力分布会产生与K_o相反的另一应力集中系数$-K_f$，于是总的应力集中系数就下降为K_o-K_f。

关于纤维间距理论或者纤维阻裂理论的通俗解说，是当纤维均匀分布在混凝土块体之中时可以起到阻挡块体内微裂缝发展的作用。假定混凝土块体内部存在有发生微裂缝的倾向，当任何一条微裂缝发生，并且可能向任意方向发展时，这条裂缝在最远不超过纤维混凝土块体内纤维平均中心距s的路程之内就会遇到横亘在它前面的一条纤维。由于这根纤维的存在，使微裂缝发展受阻，只能在混凝土块体内形成类似于无害孔洞的封闭的空腔或者内径非常细小的孔。

根据Romualdi等人的理论分析，当水泥基体中纤维的平均中心距离小于7.6mm时，纤维混凝土的抗拉强度或抗弯初裂强度均得以明显提高。

吴中伟院士指出：复合化是水泥基材料高性能化的主要途径，纤维增强是其核心。聚丙烯纤维是一种新型的混凝土增强纤维，被称为混凝土的“次要加强筋”[8]。混凝土“次要加强筋”是由大量细小聚丙烯短纤维在混凝土中处于均匀三维乱向分布，通过与水泥浆或砂浆的握裹，部分承担了混凝土内部的拉应力，起三维空间加强作用，约束混凝土基材各个方向的应力变形，达到了控制裂缝的目的。

由于聚丙烯纤维表面比较光滑，为了提高纤维基材与混凝土基材的粘结力，需要对聚丙烯纤维进行改性处理，改变纤维的截面形式。改性聚丙烯短纤维应用范围比较广泛，包括市政、房建、水利工程等。由于纤维本身的弹性模量较低（为混凝土弹性模量的1/6~1/9），而抗拉强度为混凝土的数百倍，又因纤维掺量比较低，对混凝土抗压强度、抗拉强度、弹性模量的影响可忽略不计，纤维对混凝土的最大贡献就是抗裂。所以从混凝土“次要加强筋”的理论讲，聚丙烯纤维对胶凝体会起到明显的增强作用，从而抑制胶凝体裂缝的产生。另外，纤维的存在由于其界面特性的影响使基体的泌水不均匀性能降低，从而阻碍了裂缝的发生。此外，纤维是以纯物理作用对混凝土塑性状态与硬化后的混凝土中起抗裂限裂作用，它对混凝土的抗裂增韧、抗冲击、防渗效果自混凝土浇筑成形开始就在混凝土中发挥作用。

3.6 聚丙烯纤维对混凝土抗渗性能的影响

混凝土抗渗性，是指混凝土抵抗压力水渗透的能力。混凝土耐久性的破坏过程几乎均与水有极为密切的关系，因此抗渗性便成为评价混凝土耐久性的重要指标，因为渗透性不只对要求防水的结构物有意义，更为重要的是评价混凝土抵抗环境中侵蚀性介质侵入和腐蚀的能力。目前一般认为抗渗能力是评价混凝土耐久性的首要因素，只要混凝土的渗透性很低，便有很好的抵抗水和其他侵蚀介质侵入的能力，因而混凝土的各项耐久性指标均会相应提高。

混凝土先天存在微裂纹。从机理上，混凝土在凝结硬化过程中由于水化热作用会产生随机分布的微细裂纹，而后由于混凝土结构承受外部荷载或自身变形受到限制而产生拉应力，将引起相应部位的垂直主拉应力方向的微裂缝的扩展，直至形成宏观裂缝，压力水的作用将导致结构出现渗水现象。混凝土的渗水可分为两种情况，一是由混凝土中的毛细管现象产生的微渗水；二是宏观裂缝引起的宏渗水。在混凝土中掺入少量聚丙烯纤维能有效地抑制混凝土的早期塑性收缩，抑制原生裂缝的产生与发展，并且可增加混凝土的密实性，有效地防止和延缓水在混凝土中的迁移，因而使聚丙烯纤维混凝土的抗渗性得到了提高。

3.6.1 试验方案

1. 试件尺寸及制作方法

（1）采用顶面直径为 175 mm，底面直径为 185 mm，高度 150mm 的圆台体，每组 6 个试件，成型后 24h 拆模。用钢丝刷刷去两端面的水泥浆，放入标准养护室养护至28d龄期进行试验。

（2）本试验所采用的原材料有：水泥、水、碎石、砂及合成纤维。合成纤维的规格：格雷斯聚丙烯纤维（长19mm）。

（3）纤维混凝土的搅拌采用强制式搅拌机，拌合方法采用先干后湿法，即先加砂、石、纤维、水泥干拌1~2min，然后加水湿拌2~3min。

（4）纤维混凝土采用的配合比为水泥∶石子∶砂∶水=360∶1065∶720∶20配制，基体混凝土应以纤维混凝土配合比取消纤维，其他组分不变。纤维混凝土中纤维以外掺的方式加入，每立方米混凝土分别加入聚丙烯纤维0.9kg/m^3、1.2kg/m^3。

（5）试验试件分三组，每组六件（见表3-7）。

抗渗性能试验试件及其编号　　表3-7

组　　别	件数（个）	纤维掺量
A-1组	6	0.9kg/m^3
A-2组	6	1.2kg/m^3
B组	6	无

图3-16　HS-4B型混凝土渗透仪

2. 试验及评定方法

（1）试验方法：

试验方法依据《普通混凝土长期性能和耐久性能试验方法》（GBJ 82—1985）实施。试件试验龄期为28d。试验采用HS-4B型混凝土渗透仪（图3-16），其加压范围为0~4MPa，每次试验安装一组试件（6个）。试验时由初始0.1MPa开始加压，加压持续 8h，如未发现试件出现透水或透水试件总数不超过 3 个试件时，试验压力递增 0.1MPa 继续持续加压 8h，依此类推，直至透水试件超过 3 个试件时试验结束。

（2）试验步骤：

1）试验前一天取出试件，在烘箱中以 50～60℃ 的温度烘干。在侧面涂一层熔化的密封材料，随即将试件压入经烘箱预热的试件套。稍冷后即可解除压力，清除挤出的密封材料。排除抗渗仪管道中的气泡，将试件套连同试件装在抗渗仪上进行试验。

2）第一次加 0.1MPa 水压，以后每 8h 增加 0.1MPa，随时观察试件端面渗水情况。

3）当 6 个试件中有 3 个试件端面渗水时，记录水压，停止试验。

4）发现水从周边渗出时，应停止试验重新密封。

（3）试验结果评价：

混凝土抗渗等级，按下式计算：

$$S = 10P - 1 \tag{3-7}$$

式中 S——抗渗等级；

P——6 个试件中 3 个试件渗水时的水压（MPa）。

3.6.2 试验结果

不同掺量纤维混凝土抗渗试验结果见表 3-8，抗渗效果见图 3-17。

不同掺量聚丙烯纤维混凝土与素混凝土抗渗对比　　表 3-8

组别	纤维掺量（kg/m^3）	初始压力（MPa）	耐水压力（MPa）	渗水压力（MPa）	耐水压力提高率（%）	加载时间（h）	加载时间提高率（%）	抗渗等级	抗渗等级提高率（%）
B	0	0.1	0.8	0.9	0	65	0	8	0
A-1	0.9	0.1	1.3	1.4	62.5	108	66.2	13	62.5
A-2	1.2	0.1	2.4	2.5	200	197	203	24	200

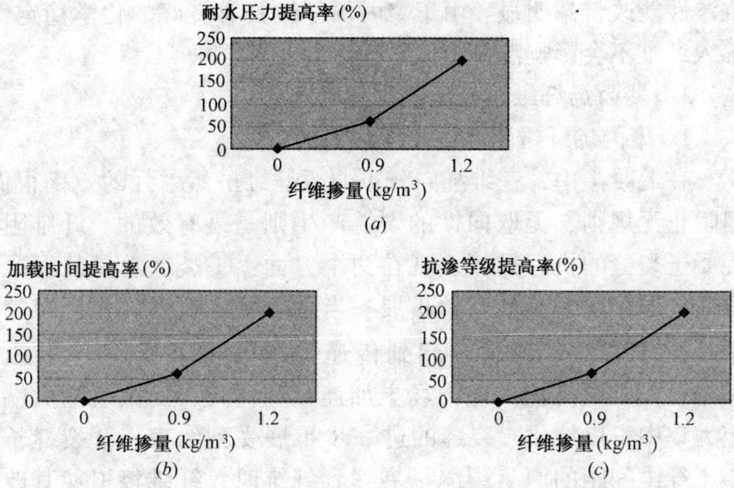

图 3-17　不同掺量聚丙烯纤维混凝土抗渗效果

试验结果表明，混凝土中加入聚丙烯纤维后，可大幅度提高混凝土的抗渗性能。不仅加载（抗渗）时间大幅度增加，而且耐水压力和抗渗等级大幅度提高。从图 3-17 知，A-1 组试件，纤维体积掺入率为 0.9kg/m^3，其最高耐水压力、耐受时间、抗渗等级分别提高了 62.5%、66.2%、62.5%；A-2 组试件，纤维体积掺入率为 1.2kg/m^3，其最高耐水压力、耐受时间、抗渗等级分别提高了 200%、203%、200%。可见，在混凝土中加入聚丙烯纤维后可有效提高水泥基混凝土材料的抗渗能力。相关试验还表明，即使纤维掺量降低为 0.6kg/m^3 时，混凝土的抗渗性能仍有十分明显的提高。

试验中，将未产生透水现象的试件剖开进行观察发现，尚未完全透水的未掺入纤维的混凝土试件透水高度均达 130mm 以上；而尚未完全透水的已掺入纤维的混凝土试件透水高度仅为 60～90mm，且纤维掺量越高，透水高度越低。

试验结果表明，在混凝土中掺入一定数量的聚丙烯纤维，可以明显改善混凝土的抗渗性能，而且掺入纤维的比例越高，抗渗性能改善越明显。由于聚丙烯纤维具有良好的化学稳定性，掺入纤维不会影响混凝土的物理化学性质。

3.6.3 聚丙烯纤维混凝土的抗渗机理

1. 聚丙烯纤维阻止混凝土裂缝的机理

在混凝土中，三维乱向分布的短纤维虽然增强的效率很低，但阻止无规则、无取向性的裂缝产生则是最有效的。纤维阻止混凝土裂缝的机理具体表现在两个方面：①裂缝总是从混凝土表面的原生微裂缝处开始扩展。当微裂缝的长度大于纤维的间距时，纤维将跨越裂缝起到传递荷载的桥梁作用（见图3-18*a*），使混凝土内的应力场更加连续和均匀，使微裂缝尖端的应力集中得以钝化，裂缝的进一步扩展受到约束。②裂缝长度小于纤维间距的原生裂缝扩展遇到纤维时，纤维将迫使其改变延伸方向或跨越纤维生成更微细的裂缝场（见图3-18*b*），显著增大了微裂缝扩展的能量消耗。

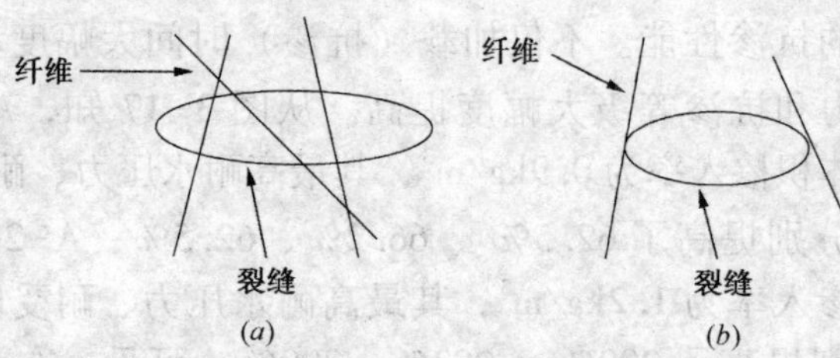

图3-18 纤维对裂缝的约束机理

2. 聚丙烯纤维提高混凝土抗渗性能的机理

在混凝土中掺入聚丙烯短纤维后，阻止了混凝土的离析现象（即水泥浆与骨料的分离倾向），提高了浇筑体的整体均匀性，不致发生各层的不均匀收缩，减少浇筑体的内部裂缝。即使基材在限制收缩条件下因失水干缩而引发裂缝，由于存在纤维的阻裂作用，从而降低生成贯通裂缝的可能性。根据松下[1]的研究成果，混凝土裂缝的漏水量与裂缝宽度的三次方成正比，与裂缝的长度一次方成正比。大量的试验结果表明，聚丙烯纤维的掺入可显著减少裂缝的数量、裂缝的长度和宽度，因此大大降低了混凝土的渗水量，提高了混凝土的抗渗性能。另外，由于混凝土体内大量均匀散布的短纤维呈现三维乱向分布，事实上可以起到阻断混凝土内毛细作用的效果，这也是纤维混凝土具有较高抗渗性能的一个原因。

3.6.4 聚丙烯纤维对混凝土抗渗性能的影响分析

本试验所用纤维纤度为 15 ~ 17g/9000m，纤维直径约为 48μm，长度为 19mm。试件纤维掺入量分别为 0.9kg/m^3 和 1.2kg/m^3，即每立方米混凝土中分布的纤维根数分别为 2.8×10^6根和 3.8×10^6根。由于聚丙烯纤维有着良好的分散性，所以从理论上讲，在混凝土内单根纤维间的平均间距分别约为 1.87mm 和 1.61mm。在数目众多的纤维作用下，混凝土抗渗性能提高的主要原因有以下几点。

1. 纤维能有效阻止混凝土塑性期裂缝的产生

由于纤维在混凝土内呈现三维空间网络结构，起到支撑骨料的作用，在一定程度上阻止了粗、细骨料的沉降；同时也降低了混凝土表面的析水现象，有效阻止由于混凝土表面迅速失水造成塑性期较大体积收缩，从而抑制塑性期混凝土表面出现裂缝。塑性状态的混凝土强度极低，纤维在塑性状态的混凝土中能承受由于干缩而产生的拉应力，减少并阻止塑性状态下混凝土内部裂缝的产生和发展[19]。

2. 纤维在硬化混凝土中可发挥有效的阻裂作用

硬化的混凝土由于干燥收缩、温度收缩及碳化收缩的存在，常会引起混凝土内部产生各种收缩应力（拉应力），当混凝土结构内产生的拉应力超过混凝土的抗拉强度时，混凝土就会产生大量裂缝。在混凝土中掺入聚丙烯纤维，可有效降低裂缝尖端的应力集中，而抑制裂缝的进一步发展。从理论上讲，在三维分布纤维的作用下，当开裂应力不大于纤维抗拉应力时，混凝土内裂缝的发展不超过单根纤维的平均间距，此值与掺入纤维的体积率成反比，与掺入纤维长度成正比。在试验采用的掺量时，其间距为1.61~1.87 mm。纤维有效防止微裂缝扩展，并阻止微细裂缝的贯通[20]。

3. 纤维掺量对混凝土抗渗性能产生影响

由于聚丙烯纤维在混凝土中无规则分布，纤维在混凝土中呈棋盘状均匀分布。在棋盘状纤维间隙中，可能存在着混凝土固有缺陷。这些缺陷是普通混凝土受到内部或外部应力作用时，产生裂缝并最终导致混凝土趋于破坏的根本原因。根据弹性断裂力学理论（Romualdi 理论），由于纤维的存在使应力裂缝趋于闭合。据国外文献报道[20]，在混凝土中，当纤维分布的平均间距小于7.6mm时，混凝土的抗拉或抗弯初裂强度就能得以明显提高。掺纤维的混凝土在限制收缩的条件下，因失水干缩而引发裂缝时，由于纤维存在阻裂作用，可显著减少初始裂缝的数量，有效抑制裂缝的宽度和长度，并大大降低生成贯通裂缝的可能性。混凝土中掺入纤维的体积率达0.003%时，就可使混凝土的裂缝被明显细化，当裂缝宽度超过自愈范围后，裂缝的漏水量与裂缝宽度的三次方成正比。混凝土中由于纤维的存在，即使裂缝的总面积不变，由于裂缝的细化，混凝土的漏水量与细分后的裂缝根数（裂缝根数/m^3）成反比，即单位混凝土体积内均匀分布的纤维根数越多，裂缝宽度就越窄，混凝土的抗渗性能也就越优异。

由于混凝土内均匀散布的短纤维起到了阻断混凝土内裂缝毛细作用的效果，对提高抗渗性也起到一定作用。

3.6.5 试验结论及建议

1. 试验研究发现，掺入聚丙烯纤维后其抗渗性能的改善效果与纤维掺量有关，在一定掺量范围内，掺量越大，效果越佳。但考虑到性能改善与经济成本双重因素的影响，在一般工业及民用建筑中，掺入量的体积率以0.1%~0.3%较为合理，纤维长度为19~30mm为宜。

2. 聚丙烯纤维能有效改善混凝土的抗渗性能，但降低了混凝土的坍落度，尤其对大坍落度混凝土影响更大。因此，对于泵送大坍落度混凝土应适当调整减水剂的品种及用量，满足现场施工对坍落度的要求。

3. 在坍落度不变的条件下，掺入聚丙烯纤维要增大混凝土的水灰比，这样虽然使混凝土的强度有所损失，但依然能提高混凝土的抗渗性能。

3.7 聚丙烯纤维对混凝土单轴拉伸力学性能的影响

近年来，纤维混凝土的应用范围日趋扩大。由于聚丙烯纤维的应用时间不长，在我国尚缺乏系统的试验分析和研究工作，资料不全，在实际施工中也未对聚丙烯纤维的影响给予足够的观察分析。纤维混凝土的抗拉强度、极限拉应变、最大裂缝宽度是极其重要的力学指标，对于纤维混凝土的抗裂设计、验算和温度应力的仿真计算都是不可缺少的重要力学指标。以往用劈裂强度代替轴心拉伸强度，但劈拉试验不能真实反映合成纤维对混凝土抗裂性的贡献，不能精确测定极限拉伸应变、拉伸断裂性能等。直接拉伸试验能较准确地反映合成纤维混凝土的拉伸力学性能。下面通过分析清华大学水利水电工程系做的凯泰（CTA）改性聚丙烯纤维混凝土单轴拉伸力学性能试验[21]的过程和结果，进行分析和研究聚丙烯纤维对混凝土单轴拉伸力学性能（抗拉强度、极限拉应变、最大裂缝宽度）的影响

3.7.1 试件要求

拉伸试验模具内部尺寸为100mm×100mm×400mm。先将纤维、砂、石和水泥在强制式搅拌机搅拌均匀，再倒入水进行搅拌，浇入模内，24h后拆模，放入标准养护室养护。拉伸试件在浇筑后约54h用圆盘切割机切割试件的两个端部，试件两个端部各切掉约35mm。缓慢切割，减少切割刀对混凝土的损伤。

试件切割后在标准养护室养护，试件粘结在钢板前 24h 从养护室取出，待表面干燥后，用磨石机磨光端部，用丙酮擦干净。试件的两端用建筑胶粘结在实验机钢板上，从开始粘结到试验大约 50h。

试验试件分 4 组，每组 3 件，列于表 3-9 中。

单轴拉伸试验试件及编号　　表 3-9

组　别	件　数	纤维掺量
A	3	0
B	3	0.5kg/m^3
C	3	0.7kg/m^3
D	3	0.9kg/m^3

3.7.2　试验设备

拉伸试验装置如图 3-19 所示，以实现加载对中。用 INSTR 085002 材料实验机，最大加载量程为 3000kN。

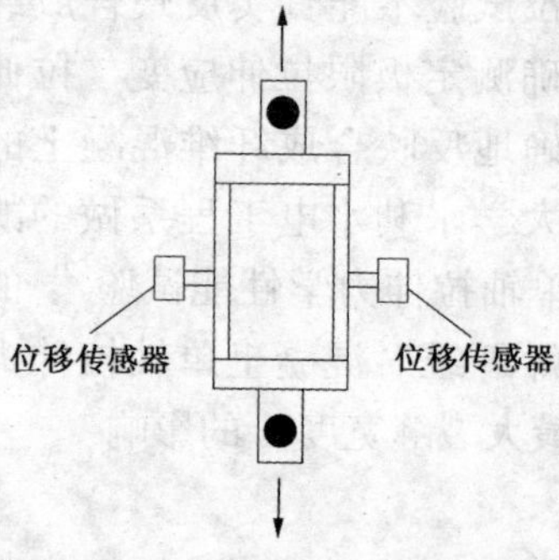

图 3-19　纤维混凝土轴心拉伸试验装置

3.7.3　试验步骤

加载按照恒位移控制。4 个变形引伸仪分别安置在试件的四周。加载速率为 $2\mu\varepsilon$/min。数据采集及加载控制均采用计算机进行，一边加载一边观察裂缝的发生与扩展。

3.7.4　纤维混凝土的开裂与破坏过程

试验后发现，多数纤维被拉断，表明纤维与混凝土间粘结性能良好。由于粗骨料、纤维在混凝土中分布的随机性，混凝土中初始裂缝及孔隙等原始缺陷分布的随机性，试件每一截面的实际承载力和应力分布各不相同。裂缝首先发生在最薄弱截面的最薄弱位置。当发现试件的表面有裂缝时，裂缝截面上必有一块混凝土退出工作。随着变形的发展，大多数试件一个主裂缝的两端不断向前扩展。极少数试件的一个侧面先发生开裂，随后另一侧面产生新生裂缝，形成两个开裂面，各自向前扩展。

试件开裂后，其几何形心与作用力不再重合，出现偏心受拉。这时裂缝的扩展过程减缓。

试件的破坏位置：

（1）沿轴线方向：大多数破坏截面靠近试件的中部，在随机的最薄弱截面首先发生起裂破坏，有些弱面发生在离粘结钢板 110～140mm 的截面。

（2）沿横截面的方向：绝大多数试件为沿一个周边起裂，裂缝再向其他三个周边扩展。

（3）断口形态：纤维掺量少时，断口呈现高低起伏，不平整，多数骨料沿界面脱离粘结；纤维掺量高时，断口稍微变得平整，有部分粗骨料被拉断。这是由于纤维掺量增加后，纤维混凝土中粗骨料与砂浆间界面粘结力明显增强造成的。

3.7.5 拉伸试验结果

拉伸试验结果列于表 3-10、表 3-11，纤维混凝土单轴拉伸力学性能与基准混凝土比较如图 3-20、图 3-21 所示。

纤维混凝土单轴拉伸试验结果 **表 3-10**

纤维掺量 (kg/m^3)	抗拉强度 f_t（MPa）	极限应变 ε（$\mu\varepsilon$）	临界断裂时最大裂缝宽 W_f（mm）
0	2.15	122.0	0.179
0.5	2.16	139.3	0.249
0.7	2.24	141.5	0.267
0.9	2.34	153.2	0.247

纤维混凝土单轴拉伸力学性能指标与基准混凝土比较

表 3-11

纤维掺量（kg/m^3）	抗拉强度比	抗拉强度提高率（%）	极限应变比	极限应变提高率（%）	最大裂宽比	最大裂宽提高率（%）
0	1.00	0	1.00	0	1.00	0
0.5	1.01	1	1.14	14	1.39	39
0.7	1.04	4	1.16	16	1.49	49
0.9	1.09	9	1.26	26	1.38	38

注：抗拉强度比 = 纤维混凝土 $f_{t纤}$/ 基准混凝土 $f_{t基}$；极限应变比 = 纤维混凝土 $\varepsilon_{纤}$/ 基准混凝土 $\varepsilon_{基}$；

最大裂宽比 = 纤维混凝土 $W_{f纤}$/ 基准混凝土 $W_{f基}$；

指标提高率 =（纤维混凝土指标比 - 基准混凝土指标比）×100%。

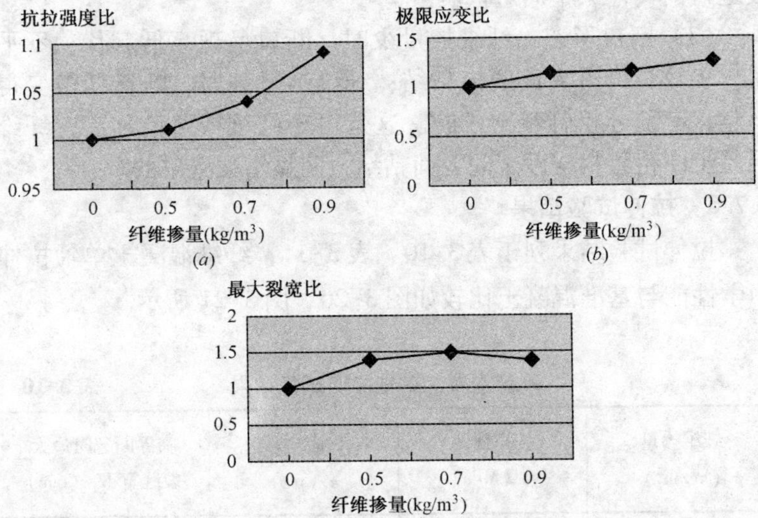

图 3-20　不同掺量纤维混凝土与基准混凝土的单轴拉伸力学性能指标比较

从图 3-20、图 3-21 看出：

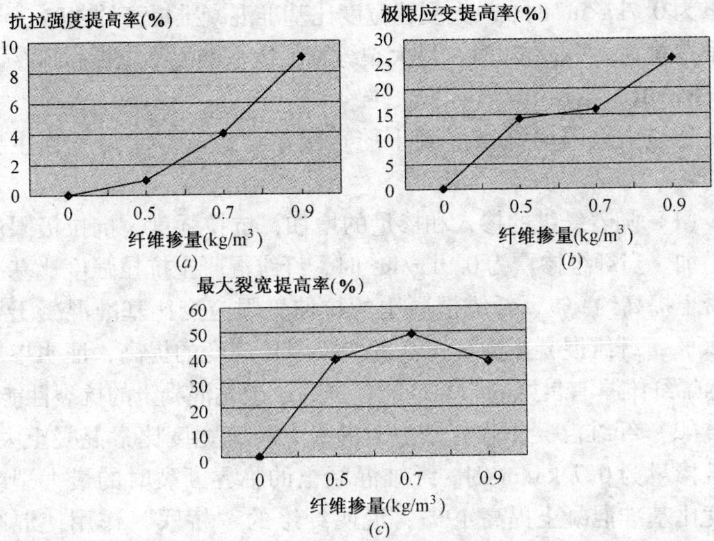

图 3-21　不同掺量纤维混凝土的单轴拉伸力学性能指标提高率

（1）随着纤维掺量增加，纤维混凝土的抗拉强度增加。当纤维掺量为 0.5kg/m^3 时，抗拉强度比基准混凝土提高约 1%，当纤维掺量为 0.7kg/m^3 时，抗拉强度比基准混凝土提高约 4%，当纤维掺量为 0.9kg/m^3 时，纤维混凝土的抗拉性能的改善更明显，抗拉强度比基准混凝土提高约 9% 。

（2）随着纤维掺量增加，纤维混凝土的拉伸极限应变增加。当纤维掺量为 0.5kg/m^3 时，拉伸极限应变比基准混凝土提高约 14%，当纤维掺量为 0.7kg/m^3 时，拉伸极限应变比基准混凝土提高约 16%，当纤维掺量为 0.9kg/m^3 时，拉伸极限应变比基准混凝土提高 26% 。

（3）混凝土中掺加纤维，其临界断裂时的最大裂缝宽度增加。当纤维掺量为 0.7 kg/m^{3}时，纤维混凝土的临界断裂时的最大裂缝宽度比基准混凝土提高 49% 。但临界断裂时的最大裂缝宽度随纤维掺量的增加而有波动，需进一步进行试验。当纤维掺量为 0.5kg/m^3 时，最大裂缝宽度比基准混凝土提高约 39%；当纤维掺量为0.7kg/m^{3}时，最大裂缝宽度比基准混凝土提高约49%；当纤维掺量为0.9kg/m^{3}时，最大裂缝宽度比基准混凝土提高38%。

3.7.6 试验结论

通过对聚丙烯纤维混凝土的直接拉伸试验，获得下面主要结论：

（1）随着纤维的掺入和掺量的增加，抗拉强度、抗拉极限应变增加。当纤维掺量为0.9kg/m^{3}时，纤维混凝土抗拉强度比基准混凝土提高约9%、纤维混凝土的拉伸极限应变比基准混凝土提高26%，纤维混凝土的抗拉强度、极限拉应变的提高，证明掺加聚丙烯纤维具有良好的阻裂性能，提高了硬化混凝土的抗裂性能。

（2）纤维混凝土临界断裂时的最大裂缝宽度比素混凝土大，纤维掺量为0.7 kg/m^{3}时，纤维混凝土的临界断裂时的最大裂缝宽度比基准混凝土提高49%，说明纤维的“桥联”作用使混凝土临界断裂时的承受最大裂缝宽度比素混凝土大，进一步证明了纤维混凝土的抗拉性、耐裂性比素混凝土有较大的提高。

（3）纤维混凝土的抗拉强度、极限拉应变、临界断裂时的最大裂缝宽度的提高，说明聚丙烯纤维具有良好的阻裂性能，在混凝土中掺加聚丙烯纤维可明显提高硬化混凝土的抗裂性能，纤维混凝土的脆性降低，韧性增加。

3.8 本章小结

通过聚丙烯纤维混凝土中、长期非荷载抗裂试验、聚丙烯纤维混凝土抗渗透试验和聚丙烯纤维混凝土单轴拉伸力学性能试验分析，可以得出下列结论：

（1）聚丙烯纤维对混凝土中、长期非荷载裂缝有较好的抑制作用，对混凝土中、长期抗裂性能的提高有较大的贡献。

（2）聚丙烯纤维能有效改善混凝土的抗渗性能。

（3）聚丙烯纤维使得混凝土的抗拉强度、拉伸极限应变、临界断裂时的最大裂缝宽度增加。

第4章 聚丙烯纤维混凝土楼板在实际工程中的应用

4.1 聚丙烯纤维混凝土的施工技术

1. 聚丙烯纤维混凝土拌合的技术措施

(1) 自拌混凝土使用强制式搅拌机。如采用商品混凝土，在混凝土浇筑前按规定的掺量将纤维加入混凝土搅拌车，高速搅拌7min后方可泵送。

(2) 新拌混凝土的稠度较小、坍落度较大时，由于摩擦力和揉搓力的下降，应延长搅拌时间，这是聚丙烯纤维混凝土和普通混凝土的不同之处（普通混凝土坍落度越大越易拌合）。作者经调查建议：对于坍落度为0~30mm的半干硬性混凝土，从纤维投入搅拌机中算起搅拌时间不少于150s即可；对于坍落度为50~80mm的塑性混凝土，搅拌时间应延长至180s以上。

(3) 当混凝土为坍落度很大的流动性（或流态）混凝土时，为保证纤维均匀分散，可采用先加部分水使混凝土在较干硬状态下拌合至纤维分散后，再加入剩余水拌合至均匀的方法。在束状合成纤维被分散成单丝后，纤维也已基本达到了较为均匀的分散。由于纤维单丝的刚度和长度小，在较低掺量下，不影响其他材料的均匀分散。

(4) 鉴于聚丙烯纤维完全不吸水，中性，聚丙烯纤维在工程中的应用极为简便。普通混凝土中加入聚丙烯纤维后，无需改变混凝土的配合比和原配置的受力钢筋数量。施工工艺过程也相当简单，只需按确定的合成纤维掺量加入搅拌机的混凝土干料（砂、石子、水泥）中，然后加水搅拌。市场上的聚丙烯纤维一般为

0.6kg、0.9kg、1.0kg一袋，如采用的是可溶包装，可成袋投入，不需打开包装，经搅拌后，每立方米混凝土中随机分布2.7亿根聚丙烯纤维丝（纤维体积率为0.1%）。但应注意，聚丙烯纤维的加入会增加混凝土的稠度，若混凝土浇筑时因坍落度过小，施工困难，而应采用塑化剂或减水剂。施工人员不能用加水的方法来恢复失去的坍落度，即使纤维混凝土的坍落度较低，也能满足浇筑、振捣密实和收面的需要，加水并不能改善和易性，反而会降低强度和增加塑性收缩和干燥收缩值。当坍落度损失较明显时，用掺外加剂的方法提高混凝土的工作性。施工过程中纤维混凝土坍落度只要能达到1~2.5cm即可[22]。

(5)在混凝土浇筑后的收面工作中，应采用光滑的钢质抹子，以免勾出纤维，影响收面质量。

2. 聚丙烯纤维混凝土的振捣

由于掺入聚丙烯纤维后混凝土的稠度有所增加，为保证混凝土经振动后充分密实，硬化后强度不下降，同普通混凝土相比应适当延长振捣时间。

3. 聚丙烯纤维混凝土的养护

养护应按正常情况下施工规范的要求进行，不能因掺入聚丙烯纤维后放松对混凝土的早期养护。

4.2 聚丙烯纤维混凝土在住宅楼（屋）面板的局部应用

4.2.1 工程概况

工程概况详见表4-1。

4.2.2 纤维混凝土楼板施工方案

1. 屋面板设计方案

工程一：

纤维混凝土楼板：1号楼屋面角部的两块（编号为A和C）

和屋面楼板面积最大的一块（编号为B），为工程中最容易出现裂缝的楼板之一（图4-1）。

工程概况表 **表4-1**

	工程一	工程二
工程名称	南宁市建筑安装工程有限责任公司四分公司职工住宅楼	邕宁县机关工作人员住宅小区3号标工程
工程地址	南宁市石柱岭	南宁市仙葫开发区
工　　期	2005年3月8日～2006年3月8日	2005年8月23日～2006年6月18日
工程简介	该工程结构形式为砖混结构，职工宿舍六层（未含底层杂物房），地块一期工程总建筑面积9339.73m^2，总造价747.47万元，共建住宅3栋	该工程结构形式为框架结构，职工宿舍七层，地块一期工程总建筑面积16693.32m^2，总造价1173.74万元，共建住宅5栋
楼板配合比设计	商品混凝土C25	自拌混凝土C25
纤维掺量	0.6kg/m^3	0.9kg/m^3
应用工程类型	住宅小区屋面板	
拟解决问题	减少混凝土屋面板裂缝，提高抗裂性、抗渗性	

对照楼板：2号楼中屋面板相应于试验楼板的位置，为工程中最容易出现裂缝的楼板之一。

工程二：

纤维混凝土楼板：4号楼屋面角部的两块（编号为A和C）和屋面楼板面积最大的一块（编号为B），为试点工程中最容易出现裂缝的楼板之一（图4-2）。

对照楼板：5 号楼中屋面板相应于试验楼板的位置，为试点工程中最容易出现裂缝的楼板之一。

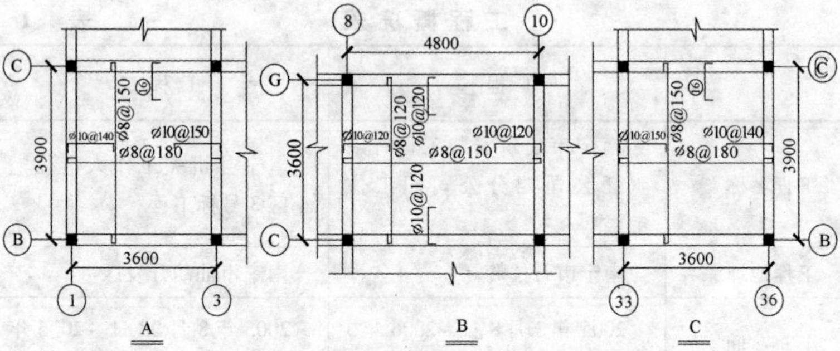

图 4-1　工程一屋面板设计方案

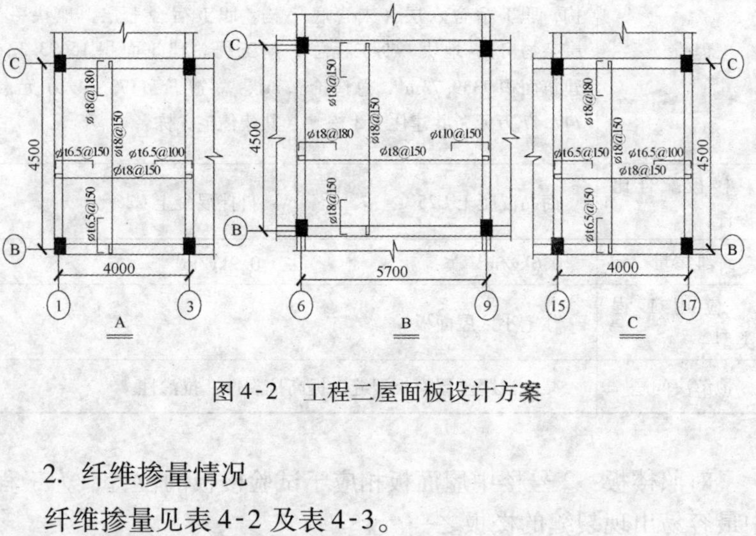

图 4-2　工程二屋面板设计方案

2. 纤维掺量情况

纤维掺量见表 4-2 及表 4-3。

3. 施工过程

（1）纤维楼板：工程一中 1 号楼于 2006 年 1 月 15 日开始屋面板混凝土浇筑，工程二中 4 号楼于 2006 年 3 月 13 日开始屋面板混凝土浇筑，混凝土采用 C25 混凝土配比。

工程一纤维掺量表　　表 4-2

编　号	纤 维 品 种	规格（长度）	掺量（kg/m³）
A	长坚® 12 聚丙烯	12mm	0.6
B	路威® 2002 聚丙烯腈	6mm	0.6
C	格雷斯聚丙烯	19mm	0.6

工程二纤维掺量表　　表 4-3

编　号	纤 维 品 种	规格（长度）	掺量（kg/m³）
A	格雷斯聚丙烯	19mm	0.9
B	格雷斯聚丙烯	19mm	0.9
C	格雷斯聚丙烯	19mm	0.9

（2）对照楼板：工程一中 2 号楼于 2005 年 11 月 22 日开始屋面板浇筑，混凝土采用 C25 混凝土配比。工程二中 5 号楼中屋面板于 2006 年 3 月 1 日开始屋面板浇筑。

（3）经过一定时间后，观察试验楼板和对照楼板裂缝的产生时间、部位和数量，进行对比，评价纤维混凝土的抗裂效果。

4.2.3　纤维混凝土楼板抗裂效果

1. 早期抗裂效果[48]

两个工程中，多处未掺加纤维的屋面板在混凝土浇筑后的早期（二次抹面之前），出现了塑性收缩裂缝，见图 4-3、图 4-4 及图 4-5 所示。而且在未加纤维的混凝土中少数地方发生泌水现象，由于楼板表面的泌水会造成此处失水过快，从而引起早期的塑性收缩裂

图 4-3　工程一中出现的早期塑性沉降裂缝

缝。但在掺加纤维的屋面板中均未出现这种情况。运用长坚® 12 纤维、格雷斯聚丙烯纤维、路威® 2002 聚丙烯腈增强纤维减少现浇混凝土楼板的早期塑性收缩裂缝，提高了抗裂性，较好地解决了屋面楼板渗漏的问题，提高了混凝土的抗渗性能。

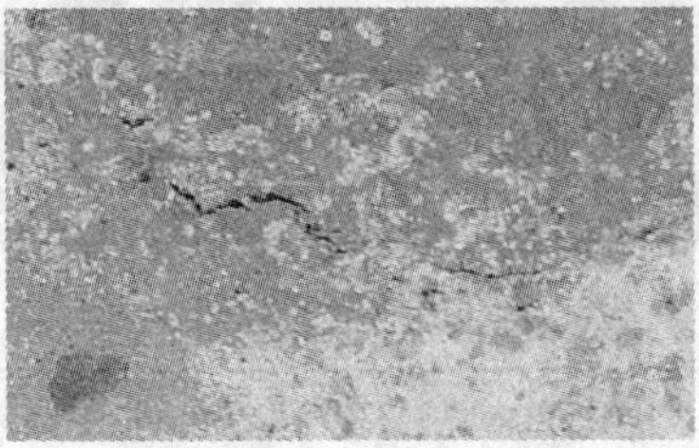

图 4-4　工程二中出现的早期塑性收缩裂缝

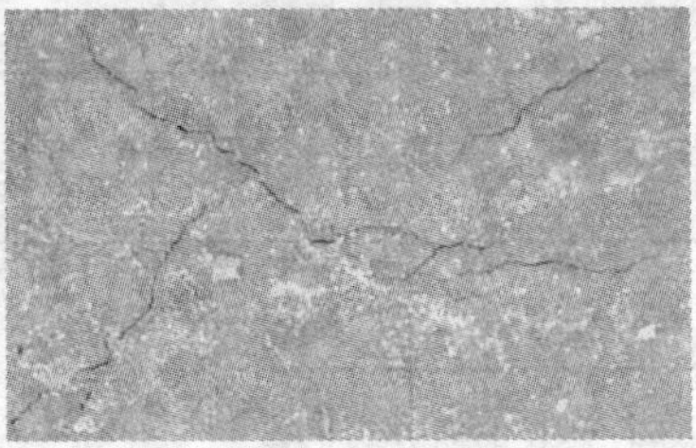

图 4-5　工程二中出现的龟裂现象

2. 中、长期抗裂效果

工程交付使用后约一年半时间（18 个月），住户反映工程一和工程二的部分屋面板出现了不同程度的开裂，导致下雨产生渗漏，影响起居生活，要求进行维修。施工单位对工程进行回访，对住户有反映的屋面板进行了裂缝、渗漏检测和及时维护。下面以工程二的 4 号和 5 号楼屋面板开裂、渗漏检测和维修过程为例进行说明。

施工单位在征得住户同意后将 4 号和 5 号楼屋面 SBS 防水层清除，利用蓄水法对屋面板开裂、渗漏区域进行检测。

首先把屋面所有的雨水口进行封堵，对屋面注水，注水深度为 10cm（图 4-6），经 24h 观察屋面开裂和渗漏情况。

没掺纤维的工程二 5 号楼屋面板编号为 A、B、C 区几块区域出现了不同程度的裂缝和渗漏，A 区域处出现了 45°板角裂缝，B 区域在跨中、支座处出现的裂缝较多，渗漏也比较明显，C 区域沿 PVC 电线管暗埋处等部位出现了一些裂缝（图 4-7、图 4-8、图 4-9）；而工程二 4 号楼屋面板编号为 A、B、C 区几块区域，由于在施工期间掺入了格雷斯聚丙烯纤维，减少现浇混凝土楼板的早期塑性收缩裂缝，提高了抗裂性，减少和抑制了楼板的板角、板中、支座及VC电线管暗埋处等中长期裂缝的产生，解决了屋面楼板渗漏的问题，提高了混凝土的抗渗性能，没有发现明显的裂缝和渗漏。

图4-6　工程二5号楼屋面蓄水检测屋面开裂渗漏

图4-7　工程二5号楼屋面板A区域裂缝和渗漏

图4-8　工程二5号楼屋面板B区域裂缝和渗漏

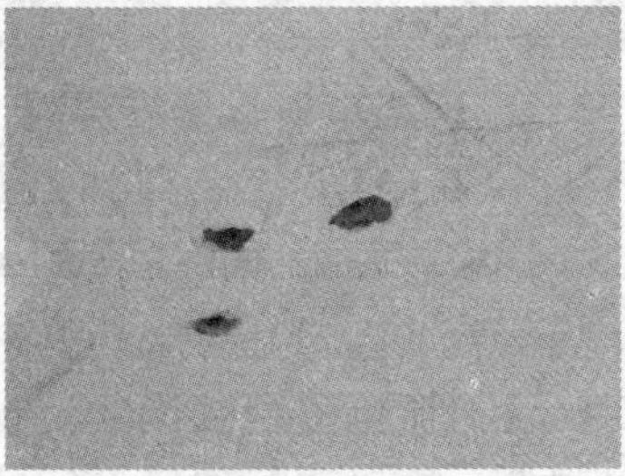

图4-9　工程二5号楼屋面板C区域裂缝和渗漏

在随后的屋面维修中，对开裂区域进行了修补，对于较大裂缝处理时还掺入了聚丙烯纤维以提高其抗裂、抗渗性。修补处理方法见表4-4。

随后经过约两个月（期间经历过三场大雨）的使用考验，该修补屋面没有发现新的渗漏水现象。由此看出，聚丙烯纤维对提高楼板的抗裂性和抗渗性有非常明显的效果。

屋面板裂缝处理方法 **表 4-4**

裂缝类型	使用材料	处理方法
一般裂缝	1:1 水泥砂浆	清洗板缝后用 1:1 水泥砂浆抹缝，压平养护
较大裂缝	环氧树脂：5kg，聚硫橡胶：1.5kg，水泥：6.25kg，砂：14kg，19mm 格雷斯聚丙烯纤维：0.9 kg/m³	首先用人工将晒干筛后的砂、水泥按比例配好，拌均匀后，将环氧树脂和聚硫橡胶也按配比拌匀。然后掺入已拌好的砂、水泥当中，加入称好的聚丙烯纤维再用人工继续搅拌。最后用少量的丙酮将已拌好的砂浆稀释到适中稠度（约 0.4 斤丙酮就可以了）。及时将已拌好的修补砂浆用橡胶桶装到已凿好洗净吹干后的混凝土凿槽内进行嵌入。从砂浆开始拌合到嵌入混凝土缝内，一组砂浆的整个施工过程需要 30min 左右完成。嵌入后的砂浆养护即砂浆嵌入缝槽内处理好后 2h 以内及时用毛毡、麻袋将修补砂浆进行覆盖，待完全初凝后，开始洒水养护

4.2.4 现浇聚丙烯纤维混凝土楼板的施工方法

1. 确定合理的纤维掺入比例

纤维混凝土施工工艺的关键，一是保证拌合过程纤维的充分均匀分散，二是克服纤维对新拌混凝土的增稠作用所带来的对浇筑、振捣过程的影响。虽然合成纤维在混凝土中的常用掺量很低，本工程分别仅为 0.6kg/m³ 和 0.9kg/m³（纤维体积率为 0.1%），对混凝土的施工工艺影响不大，但上述问题仍然存在，我们给予了充分重视。

2. 纤维混凝土的拌制

在商品混凝土搅拌站拌制混凝土前，施工单位派人携带聚丙烯纤维，在砂、石、水泥和水均匀拌合后，再加入定量的聚丙烯纤维进行搅拌，亦可先将纤维与砂、石、水泥搅拌后再加水湿拌，搅拌时间应适当延长，一般为 80～100s，整个搅拌时间较拌制普通混凝土延长 40～50s。

3. 混凝土的运输及浇灌

纤维混凝土在搅拌站拌制均匀后，使用混凝土搅拌车进行运输，应根据浇筑情况选择合适的运输路线，以确保混凝土供应畅通，并在运输过程中注意控制混凝土停放时间，搅拌车到达浇筑地点，一般应加大自转25s左右时间，混凝土经现场坍落度检查合格后才可卸料至混凝土输送泵送入模内，分块分层浇筑，两罐之间的间歇时间不应超过混凝土的初凝时间，掺入聚丙烯纤维后，在浇灌、振捣、抹面、养护等方面，还应做好以下工作：

（1）选择最佳浇灌时间：避开晴热天气或选择在下午和夜间作业，阴天更佳，以保证混凝土浇筑后缓慢收干，减少早期干裂缝的产生。

（2）控制振捣时间和采用合理的振捣方法：混凝土不密实会使纤维混凝土早期裂缝产生，因此，在浇筑混凝土前，应进行全面、专业的技术交底，在施工过程中要有明确的分工，振捣细致、认真，纤维混凝土的振捣与普通混凝土相同，采用插入式振捣器振捣，第一振点的延续时间应以使混凝土表面呈浮浆和不再下沉为准，捣固点间距不大于0.5m，并在梁、柱节点等钢筋密集部位加强振捣，从而确保混凝土的振捣质量，使纤维在混凝土中的作用在终凝后得到最大的体现。

（3）掌握好收浆与压光的时间：聚丙烯纤维混凝土的初、终凝时间较普通混凝土有所增加，宜在其接近初凝前收浆后抹平，并在其终凝前将混凝土表面赶压密实并压光，以防纤维外露，使纤维混凝土表面平整、密实、光滑。由于经振捣后，水泥浆在混凝土表面积聚，形成厚厚的一层浮浆，该浮浆强度低，收缩系数大，容易产生表面裂纹，影响结构混凝土的外观质量及力学性能，故在混凝土浇捣后，一般在初凝前先用长刮尺按标高刮平，再用滚筒碾压数遍，并用木抹子搓压平，以闭合收缩裂缝，在收干过程中，检查表面干缩裂缝，适当增加收光次数，对终凝前出现的表面干缩裂缝及时收光，避免裂缝漫延、加大，如浇筑时遇晴热天气，收光后应及时做好覆盖保湿工作，延缓水分蒸发及混凝土的干缩时间。

（4）严格养护制度：混凝土终凝后，及时对混凝土进行针对性的养护，如气温较高，应采取覆盖薄膜或麻袋，并不间断浇水保湿养护，冬期施工则应做好覆盖保温工作，以使混凝土的各项指标达到最高的要求，并确保纤维混凝土的抗裂、抗渗性能，同时，混凝土初凝后，应严格避免对结构混凝土的扰动。

4.3 聚丙烯纤维混凝土在深圳裕侨花园地下室墙板中的应用[51]

4.3.1 工程概况

深圳裕侨花园总建筑面积64000m²，工程由地下一层，地上5栋19层框剪结构塔楼组成；采用人工挖孔桩基础，地下室面积13700m²，主要为车库及设备用房，其平面呈弧心角为127°的弧形（图4-10），整个地下室外侧长335m，内侧长196m，底板厚600mm、混凝土强度等级为C30P8；外墙厚350mm、混凝土强度等级为C30P8；顶板厚200mm、混凝土强度等级为C40P8；柱及核心筒、剪力墙均为C40，地下室顶板上除5栋塔楼的部位外，其余11000m²均为室外广场和花草绿化等。整个地下室设计上虽设置了四条后浇带，划分为5个施工段，但其外侧最长的一段达78m，最短的一段也有45m，远大于现行标准《混凝土结构设计规范》中关于现浇式挡土墙、地下室墙壁等类结构室内或土中最大间距30m的规定，且深圳又属炎热及暴雨频繁地区，因此长达300多m的地下室不设伸缩缝，虽然结构施工

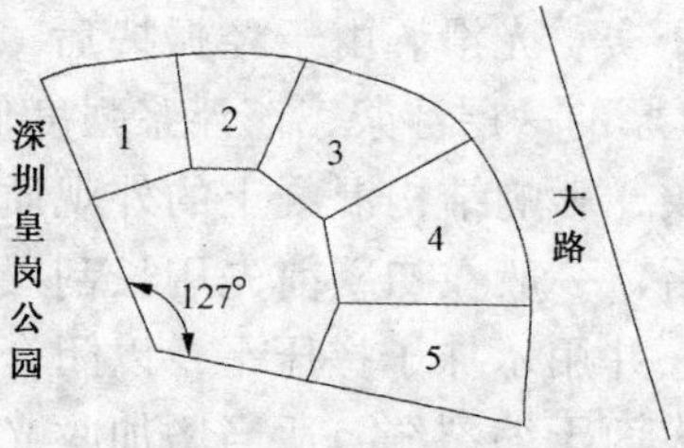

图4-10　地下室平面图

初期留有后浇带，但施工段仍达70多米长，如不采取一些特殊措施，将很难保证其外墙及顶板不出现非结构性裂缝，将难以满足其防水抗渗要求。为此，决定在地下室墙板和顶板混凝土中掺加美国希尔兄弟化工公司生产的杜拉纤维（长度19mm），用以提高地下室混凝土的抗裂防渗能力。

4.3.2 聚丙烯纤维混凝土的施工方案

1. 聚丙烯纤维混凝土配合比

本工程所采用的聚丙烯纤维掺量为0.7kg/m³。此外混凝土还采用了双掺技术，即掺加山西产RS-11型减水剂和粉煤灰（Ⅱ级），达到减小水泥用量，改善混凝土的泵送性能。

（1）混凝土主要原材料

①水泥：湖南湘乡产“韶峰”牌42.5级普通硅酸盐水泥和广东梅州产“塔牌”42.5级普通硅酸盐水泥。

②细骨料：砂为江砂，表观密度2600kg/m³，堆积密度为1450 kg/m³，细度模数为2.8，含泥量1.4%。

③粗骨料：深圳沙头角机制碎石，压碎指标7.7%，针片状碎石含量2.2%，含泥量0.8%，最大粒径25mm。

④外加剂：RS-Ⅱ型减水剂，掺量3%。

⑤粉煤灰：深圳妈湾电厂生产的Ⅱ级粉煤灰。

⑥聚丙烯纤维：美国希尔兄弟化工公司生产杜拉纤维（长度19mm）。

⑦ 拌合水：生活饮用水。

（2）配合比

混凝土坍落度为160～180mm，初凝时间为6～8h，终凝时间10～12h。混凝土外墙为C30P8，配合比见表4-5；顶板为C40P8，配合比见表4-6。

2. 杜拉纤维混凝土施工

（1）本工程地下室混凝土施工采用了现场搅拌泵送工艺。现场搅拌站共设有4台JC750混凝土拌合机，自动计量配料机4台，2台HBT60混凝土输送泵。

外墙混凝土配合比 **表 4-5**

材料	水泥	砂	石	水	RS-Ⅱ型减水剂	粉煤灰	杜拉纤维
用量(kg/m³)	324	808	1071	164	11.28	52	0.7

顶板混凝土配合比 **表 4-6**

材料	水泥	砂	石	水	RS-Ⅱ型减水剂	粉煤灰	杜拉纤维
用量(kg/m³)	364	744	1070	164	11.01	47	0.7

（2）混凝土配合比委托试验室进行设计试配。

（3）杜拉纤维同混凝土骨料、外加剂、掺合料和水泥没有任何反应，对搅拌设备也没有特别的要求，施工时根据每机的配比要求，事先将每机掺加的杜拉纤维量进行称量并用塑料袋分装好，搅拌时将纤维与混凝土拌合料一起投入。为使纤维能彻底均匀分散，搅拌时间一般比普通混凝土搅拌时间延长30s以上，控制在120~150s。

（4）杜拉纤维混凝土因其纤维的作用，混凝土流动度略有减小，稠度有所增加，因此浇灌振捣须认真到位，防止漏振等。

（5）为避免混凝土表面裂缝，地下室外墙拆模后，由专业养护小组负责挂麻袋淋水养护14d，顶板采用蓄水养护。

3. 施工效果

该工程地下室施工四个月后由深圳市质检总站组织对该分部工程进行中间验收，经认真细致的检查，未发现任何裂缝和渗漏现象；竣工验收交付使用一年多来，经多次暴雨后的回访检查，没有发现任何渗漏问题，300多米长的地下室，在没有设置任何伸缩缝的情况，达到如此显著的施工效果，充分表明了杜拉纤维混凝土的韧性得到了很大的改善，抗裂抗变形能力得到了显著提高。

4. 施工技术经济分析

本工程地下室外墙、顶板混凝土采用掺加杜拉纤维与同期施工的同类型地下室混凝土采用掺加微膨胀剂（UEA）提高结构的防裂抗渗性能，其技术经济分析比较见表4-7。

施工经济分析 **表4-7**

	作用形式	使用效果	施工要求	成本比较
杜拉纤维混凝土	主要是依靠大量均匀乱向分布的纤维丝来抵抗水泥基体的收缩变形，使混凝土的抗拉、抗折强度有所提高，达到抗裂抗渗的目的	减少了混凝土非结构性裂缝，如塑性裂缝及干缩裂缝，提高混凝土的韧性和抗冲击能力，改善混凝土脆性大的缺陷，降低混凝土浇筑后的离析和泌水性，提高其均匀性，改善其抗渗性能	施工环境比较宽容，可直接加入混凝土内搅拌，对搅拌设备、配合比及施工工艺没有特殊要求，易于掌握，它耐酸耐碱耐腐蚀，无毒无刺激，掺量容度大，适用范围广，对混凝土施工无明显影响	掺加杜拉纤维的混凝土增加造价40～56元/m^3
微膨胀剂（UEA）混凝土	主要是依靠其化学反应生成的钙矾石的膨胀作用来补偿水泥基体的收缩，达到抗裂作用的	非结构性裂缝也有所减少，特别适用于填充后浇带等	施工环境有较高的要求，潮湿环境对混凝土较为有利，膨胀剂的碱性、水泥的碱性及含硫量都会影响其效果；另外掺量不易掌握，少了膨胀不足，多了则因过度膨胀而促发裂缝；UEA混凝土早期膨胀明显，后期收缩，达不到长期补偿的目的；掺加UEA后混凝土坍落度损失大，对施工有较大影响	掺加UEA的混凝土造价增加35～45元/m^3

从以上分析比较可以看出，杜拉纤维混凝土无论从施工角度，还是在改善其性能方面，其优越性都明显好于掺加UEA的

微膨胀混凝土，在增加造价方面两者相差不明显。

4.4 聚丙烯纤维混凝土在泰州市联通大厦地下室墙板工程中的应用[52]

4.4.1 工程概况

泰州市联通大厦地下室墙板长 51m，壁厚 25cm（局部 30cm），设计混凝土强度等级 C45P8。虽然在混凝土中掺加了膨胀剂，但施工现场湿养护较为困难，使效果受到影响。另外，由于混凝土强度较高，水灰比小，较低的单方用水量不足以提供水泥水化过程中形成微膨胀晶体-钙矾石所需的湿润条件。因此决定采用聚丙烯纤维与膨胀剂双掺技术，既利用聚丙烯纤维在混凝土中的乱向分布，对混凝土的膨胀变形产生有利的均匀限制作用，又利用膨胀剂提高混凝土的密实度，改善其抗渗性和韧性。同时，复合型膨胀剂中的表面活性剂，本身不含极性基团的聚丙烯纤维与水泥基体的耦联剂，增强了聚丙烯纤维与混凝土基体界面的粘结力，从而提高了聚丙烯纤维的作用效果。

4.4.2 聚丙烯纤维混凝土的施工方案

1. 聚丙烯纤维混凝土配合比

（1）原材料

① 水泥：使用江苏省双龙集团生产的“双猴”牌 42.5 级普通硅酸盐水泥。

② 粗骨料：采用江苏省宜兴张绪生产的 5～31.5mm 连续级配的二次人工破碎石，含泥量 0.6%，压碎值为 9.8%，针片状含量 2.1%。

③ 细骨料：采用安徽芜湖采集的江砂，细度模数 2.5，含泥量 0.7%。

④ 聚丙烯纤维：采用江苏省丹阳合成纤维厂生产的丹强丝，纤维长度 19mm，密度 0.91t/m^3。

⑤ 粉煤灰：采用南京热电厂生产的Ⅱ级粉煤灰。

⑥ 外加剂：使用江苏省建筑科学研究院研制开发的 JM—Ⅲ型多功能膨胀剂。

⑦ 拌合水：生活饮用水。

(2) 配合比

施工单位江苏省新世建集团提供的现场配合比试配，因为水泥用量较高，聚丙烯纤维的加入，新拌混凝土凝聚力较大，不利于预拌混凝土的运输及泵送。经过多次试拌，通过正交分析，掺入 7.2% 优质粉煤灰，最终改善了新拌混凝土的和易性，增大了混凝土的坍落度，延缓水化过程，利于防止早期裂缝的出现，并降低混凝土的单方造价（每方约降低成本 5 元）。调整后的配合比见表 4-8。

混凝土配合比 **表 4-8**

材　　料	水泥	粉煤灰	砂	石	水	JM—Ⅲ型膨胀剂	聚丙烯纤维
用量（kg/m^3）	410	32	635	1130	176	33	0.8

2. 杜拉纤维混凝土施工

(1) 搅拌：采用先将聚丙烯纤维与骨料干拌，再加入水泥、水等组分的先掺法，以提高纤维的分散效果。新拌混凝土拌制后，采取搅拌机启动 5min、间歇 5min 的方法，以接近混凝土在搅拌车中运输的实际情况。

(2) 模拟生产：施工前采用表 4-8 的配合比进行 $2m^3$ 混凝土的试生产，运输至工地进行泵送，现场坍落度实测值 145mm，可泵性良好。

3. 施工效果

(1) 施工期间，正值八月酷暑，天气炎热，现场施工时混凝土和易性良好，共浇筑约 $1000m^3$，从未发生过堵泵现象。

（2）8d 抗压强度平均值、最大值、最小值分别为50.8MPa、53.1MPa、48.5MPa。

（3）28d 抗折强度6.3MPa，较不掺纤维的基准混凝土提高了21%。

（4）抗渗性能达P12。

（5）据研究，采用美国加州罗来达·韦尔瑞克工程及检验中心的方法进行的混凝土胶砂抗裂试验表明，掺入聚丙烯纤维对尚处于塑性状态和硬化后的混凝土有显著的阻裂作用，并有效地提高了混凝土的抗冻性能。

（6）实际应用中，混凝土公司预先对骨料洒了水；对拌合用的水进行了冰块降温，在施工单位的精心浇筑和养护下，硬化后的混凝土表面良好，无温度裂缝及早期收缩裂缝。

4. 结论

（1）根据原材料、生产工艺等情况，经试配优选施工配合比，降低纤维混凝土的凝聚性，生产预拌泵送混凝土是可行的。

（2）掺入聚丙烯纤维显著地提高了混凝土的抗裂性能，能有效地减少预拌混凝土固有的水泥用量高、坍落度大等因素导致的混凝土收缩大的不利影响。

4.5 本章小结

本章通过聚丙烯纤维混凝土在住宅楼（屋）面板的局部应用、深圳裕侨花园地下室墙板中的应用、泰州市联通大厦地下室墙板工程中的应用等三个实际工程应用的实例分析，可以得出结论：聚丙烯纤维对混凝土裂缝有较好的抑制作用，对混凝土抗裂、抗渗性能的提高有较大的贡献。聚丙烯纤维混凝土是一种性能优良的材料，可以有效地解决现浇混凝土楼板易开裂、渗漏等问题。

第5章　聚丙烯纤维混凝土楼板应用的经济效益和社会效益分析

聚丙烯纤维混凝土在实际工程中的应用已取得了良好的效果。大量的实际工程表明，在现浇混凝土楼板中掺入聚丙烯纤维可以提高楼板的抗裂性、抗渗性、耐磨性、抗冲击性及耐疲劳等性能，改善楼板的防水能力，延长楼板的使用寿命，降低维修费用。一项工程技术的应用还应考虑它的经济效益和社会效益，本章将利用价值工程原理对聚丙烯纤维混凝土进行综合分析，以确定其在经济上的可行性，探讨聚丙烯纤维应用到现浇混凝土楼板工程中的经济效益和社会效益。

5.1　价值工程原理

价值工程，简称VE。它是一门新的管理技术，是一种以提高产品价值为目标的定量分析方法。价值工程是从研究功能出发，利用集体的智慧，探索如何合理地利用人力与物力资源，乃至时间和空间资源，提供能够满足用户的价廉物美的产品或服务。

价值工程是1947年由美国人麦尔斯（L. D. Miles）所创立的。第二次世界大战期间，美国军火工业获得很大发展，随之出现原材料供应紧张问题。当时在通用电气公司任采购科长的麦尔斯负责寻找解决短缺物资，他根据实际经验，加上供应工作的钻研，提出“如果得不到所需的材料和物品，可以想办法获得它的功能”的设想。于是，他便从研究材料代用问题开始，发展到对功能进行分析与研究，逐步总结出一套保证功能的价值分析理论，于1954年被美国海军船舶局采用，为突出工程含义而改称为价值工程（VE）。到20世纪60年代，它开始传入日本等国家，现在，价值工程已被公认是一种行之有效的现代化管理技术。它不仅可以用于开发新产品、新工艺；也可以用于建筑工程的设计施工、建筑工程的更新改造和建筑工程的维修组织等方面，以提高建筑工程的管理工作的经济效果。

价值工程就是以最低的寿命周期成本，可靠地实现产品的必要功能，着重于功能分析的有组织的活动，这是价值工程的广义定义。从建筑工程管理的角度考虑，价值工程是在满足工程所需性能、可靠性和维修性的前提下，使总费用达到最小的一种系统方法。价值工程中“价值”，不同于政治经济学中的商品价值。在这里，价值是作为一种“尺度”提出来的，即“评价事物（产品或作业）有益程度”的尺度。相对而言，价值高，说明有益程度高、效益大、好处多；价值低，说明有益程度低、好处不大。

恩格斯说[23]：“价值是生产费用对效用的关系。价值首先是用来解决某种物品是否就应该生产的问题，即这种物品的效用是否抵偿生产费用的问题，如果两种物品的生产费用相等，那么效用就是确定它们的比较价值的决定因素。”

因此，价值可以表示为：

$$价值\ V=\frac{功能\ F}{成本\ C} \tag{5-1}$$

从式（5-1）可以看出，提高价值可以有以下五种方式：

（1）保持功能 F 不变，降低成本 C；

（2）保持成本 C 不变，提高功能 F；

（3）成本 C 稍有提高，功能 F 有更大提高；

（4）功能 F 稍有下降，成本 C 大幅度下降；

（5）成本 C 降低，功能 F 提高。

在本书中，根据室内的试验和实际工程的应用分析，可知纤维混凝土用于现浇混凝土楼板，其功能可以显著提高。由公式（5-1）可知，通过研究纤维混凝土成本的大小，就可以确定其价值的高低。以下分别讨论它们的材料成本和全寿命期综合成本。

5.1.1 材料成本分析

1. 现浇混凝土楼板不同抗裂防渗措施的成本分析

现以100mm厚的现浇混凝土楼板内分别掺入聚丙烯纤维、钢纤维、设楼面上层钢筋网等措施来提高楼板的抗裂防渗性能为例进行成本分析（见表5-1）。

现浇混凝土楼板几种抗裂防渗措施的成本分析　　表5-1

现浇混凝土楼板抗裂防渗措施	掺量（kg/m^3）	市场参考价格（元/kg）	100mm厚的现浇混凝土楼板每平方米（$0.1m^3$）增加价格（元）
掺钢纤维	78	6.8	53.04
设钢筋网	88	5.0	44.00
掺聚丙烯纤维	0.9	40	3.6

注：各种材料价格按2008年2月份南宁市市场参考价格。

掺钢纤维、设钢筋网、掺聚丙烯纤维的100mm厚现浇混凝土楼板，每平方米需增加外加材料费分别为53.04元、44.00元、3.6元，如果再计安装和运输过程中的费用差额及施工中的工艺费用差额，则掺钢纤维和设钢筋网的费用较掺聚丙烯纤维的还要高。而且，聚丙烯纤维是以外掺的形式加入，施工非常方便。

2. 素混凝土楼板与相同厚度的纤维混凝土楼板建造成本分析

根据材料成本分析，素混凝土楼板与相同厚度的纤维混凝土楼板建造成本，由于多掺入了聚丙烯纤维，建造费用会随纤维的掺加而增加。

采用素混凝土、聚丙烯纤维混凝土这两种不同方案的现浇混凝土楼板每平方米的成本比较见表5-2。

素混凝土与聚丙烯纤维混凝土现浇楼板的成本比较　表 5-2

楼板类型	楼板厚度（mm）	单价（元）	每平方米楼板的成本（不含钢筋）（元）
普通混凝土楼板	100	C25 商品混凝土的单价为 250 元/m^3	250 × 0.1 = 25
聚丙烯纤维混凝土楼板	100	聚丙烯纤维价格为 40 元/kg	250 × 0.1 + 1 × 0.1 × 0.9 × 40 = 28.6

注：1. 每平方米楼板的成本 = 楼板厚度 × 每立方米单价，纤维掺量：0.9kg/m^3。
2. 材料单价按 2008 年 2 月南宁市市场参考价。

从上述计算来看，聚丙烯纤维现浇混凝土楼板和普通现浇混凝土楼板的每平方米造价相差不大（价差约 3.6 元），但以上计算过程未考虑因为掺加纤维而可减少楼板中的构造钢筋（如板角的放射钢筋），而且目前我们的楼板设计也比较保守，为了防裂而加大了楼板的配筋量约 15% 左右，这就使得普通现浇混凝土楼板工程的材料成本大约增加了 4 ~ 8 元/平方米。综合以上因素，使用聚丙烯纤维现浇楼板是可以降低初始投资成本的，甚至可比普通现浇楼板更低。

5.1.2 全寿命期综合成本分析

楼板的全寿命期综合成本包括材料费用、施工管理费用及养护维修费用等，是使用年限内所有费用的总和。纤维混凝土楼板与素混凝土楼板相比较，由于施工程序的变化，施工技术要求的增加，从而导致其材料费用和施工管理费用相应增加。但由于纤维混凝土具有更为优良的性能，它们的设计使用年限比素混凝土要长，并且在设计寿命期内，维修管理费用会明显下降。下面以两个实际例子说明。

（1）平顶山市平东线姚孟段，路面宽 12m，属于厂区和村镇过街路段。原为沥青路面，由于交通量大，超载严重，造成路面损坏严重。虽经多次维修，使用效果未能得到根本改善，社会影响较大。为此，平顶山市公路局于 2001 年决定对该路面进行大修，在接近市区的柏楼段试验性铺设了 200m 长的聚丙烯纤维混凝土路面，试验段宽9m，分两段施工，各长100m，其中一段采用全掺纤维混凝土，路面厚度减薄为180mm，另一段采用素混凝土与纤维混凝土复合路面，路面总厚240mm，表层80mm掺入聚丙烯纤维，其下层仍采用普通水泥混凝土，聚丙烯纤维采用美国纤维网公司生产的聚丙烯合成纤维，纤维长度18mm，每1m^3混凝土中加入0.9kg成品聚丙烯纤维。通过对试验路二年通车试验的调查分析，无明显断板、裂缝、错台等现象，使用效果良好。采用纤维混凝土造价比普通混凝土虽有增加，但它相对养生期短，使用寿命长，养护工作量大为减少，方便行车，与钢筋混凝土路面相比，造价每千米节约28万元。综合来看，使用纤维混凝土可以获得较好的经济效益和社会效益。

（2）济南东兴商住楼是一座大底盘双塔楼建筑，总建筑面积88755m^2，高99.9m（最高处111.7m），地下3层，地上30层。地上1至4层为商业用房，地上5至30层为住宅，双塔楼剪力墙结构，第4层为转换层，转换层大梁截面尺寸有950mm×2500mm、1000mm×2500mm、1150mm×2800mm三种，转换层现浇楼板厚150mm，转换层为C50高强混凝土，高强混凝土存在受压时高度脆性及大体积高强混凝土的大面积开裂等缺陷，使得高强混凝土的优越性得不到充分发挥，有关部门通过对转换层现浇楼板的全寿命期综合成本模拟分析和对各种抗裂方案进行比较选择，最终决定在转换层C50高强混凝土中掺入济南产改性聚丙烯纤维（长度15～19mm，抗拉强度580～780MPa，弹性模量370MPa）及NF-2高效减水剂，每1m^3混凝土中掺入0.9kg聚丙烯纤维。该工程转换层混凝土经检测质量优良，未发现可见裂缝，28d抗压强度即达到56.7MPa。由此表明，在深梁和大面积楼板的混凝土裂缝控制和降低其全寿命期综合成本方面，在混凝土材料中适量掺入聚丙烯纤维是一种行之有效的途径。

因此，虽然纤维混凝土比普通混凝土的建设成本高，但是全寿命期综合成本一般比素混凝土要低。

5.2 经济效益与社会效益分析

5.2.1 经济效益分析

混凝土专用聚丙烯纤维由于能积极有效地改善混凝土的耐久性，使混凝土高性能化，且工作机理简单，适用性广泛，使用效果显著，在工程界已受到越来越多的关注。从确保工程质量，施工便利，兼顾成本及长短期效益等诸方面考虑，在混凝土中添加聚丙烯纤维不失为改善混凝土性能的有效途径。据中国工程院上报的《推进化纤新材料在相关产业中的应用咨询研究综合报告》中预测，建筑用化纤材料将在2000年至2010年间增长最快，即由2000年的1.2万t增至2010年的13万t，增加10余倍。现在混凝土专用抗裂聚丙烯纤维每年进口量为1万t以上，并将随着设计及有关科研院所部门对该纤维认识的深入，用量将继续加大。混凝土专用抗裂聚丙烯纤维的开发研制将填补国内空白，技术达到国内领先水平。经添加混凝土专用抗裂聚丙烯纤维的混凝土具有良好的防水、抗渗、耐高温、耐低温及耐久性能，在防渗方面是膨胀剂等防水材料的良好替代产品，“混凝土专用抗裂聚丙烯纤维”的开发研制必将在国家基础建设中发挥较大作用，创造良好的经济效益。

纤维混凝土应用于现浇混凝土楼板具有良好的经济效益，主要表现在：

（1）减薄楼板厚度，减少楼板中因为防裂而设置的构造钢筋，缩短施工工期，从而能节省因此而可节约的一切费用。

（2）楼板质量好，使用寿命长，减少维修费用等因此而节省的费用。

（3）纤维混凝土具有良好的保水性，可节省养护的时间和费用及相关成本。

由以上分析可以看出，聚丙烯纤维混凝土的经济性是显而易见的。

5.2.2 社会效益分析

近年来，我国建筑业得到了空前的发展，促进了国民经济快速持续增长，加快了城镇化建设步伐，改善了城镇居民的居住环境，提高了居民生活质量。但在快速发展的同时，有关建筑质量的投诉成了国内投诉热点，其中地下室墙板、现浇混凝土楼、屋面板的开裂、渗漏等问题更是建筑质量投诉的热点之一。在南宁地区也普遍存在地下室墙板、现浇混凝土楼、屋面板裂缝（特别是板角裂缝）问题，许多住户由此对房屋的整体质量表示怀疑和不满，甚至有些住户要求退房或要求高额的补偿，大大增加了本地区开发商及施工单位的赔偿、检测及维修费用，加大了房地产开发经营的成本。如有一房地产开发商在某市的一个二十多万平方米的住宅小区，仅赔偿和检测及维修费用，就付出了400多万元。

在地下室墙板、现浇混凝土楼、屋面板中掺入聚丙烯纤维能提高混凝土的抗裂性、抗渗性、抗冲击性及耐疲劳性能，改善了混凝土的防水能力，使楼、屋面板等的有效使用寿命得以延长，维修费用得以降低，具有较好的经济效益和社会效益。

纤维混凝土用于现浇混凝土楼、屋面板而带来的社会效益主要表现在：

（1）由于纤维混凝土对成本的节省，节省了国家资源。

（2）由于现浇混凝土楼板使用寿命增加，大大降低了维护成本。

（3）纤维混凝土优越的抗裂防渗能力使得现浇混凝土楼、屋面板经久耐用、平整美观，给业主创造了一个安全、舒适的环境条件，并增加了居住的安全性。

（4）优质的基础建设，有利于展现中国日益增长的经济实力，有利于增强党和政府部门在人民群众中的威信。

综上所述，纤维混凝土使用的社会效益是难以直接核算的，但它的效益是非常显著的。

5.3 聚丙烯纤维混凝土与钢纤维混凝土的经济效果比较

北京工业大学邓宗才教授做的聚丙烯纤维和钢纤维的对比试验报告表明，掺量4kg/m^3 的聚丙烯纤维与掺量50kg/m^3 的钢纤维增强混凝土的性能接近。由价值工程原理可得，掺聚丙烯纤维和钢纤维的两种结构的使用价值相等，因此只需要考虑两种结构的全寿命周期成本，假设两种结构使用成本相等，则比较两种结构的建设成本即可。

按南宁市2008年2月份市场参考价格：聚丙烯纤维价格为40元/kg，钢纤维价格为6.8元/kg。

聚丙烯纤维混凝土比钢纤维混凝土每立方米节约$6.8\times50-40\times4=180$元。

因此，聚丙烯纤维比钢纤维具有更高的经济性。

5.4 本章小结

通过运用价值工程原理分析和评价纤维混凝土的经济效益和社会效益，可以看出采用聚丙烯纤维应用于现浇混凝土楼板中节省了成本，可以获得较大的经济效益。同时，由于纤维混凝土优越的性能和品质，也会带来一定的社会效益。这进一步证明了纤维混凝土应用到实际工程中的实用性和优越性。

第 6 章　结论与展望

6.1　结论

通过理论分析、室内试验、实际工程应用及有关文献研究结果，对于聚丙烯纤维混凝土可以得出以下结论：

1. 提高混凝土现浇楼板的早期和中、长期抗裂性能

（1）混凝土中掺入聚丙烯纤维，由于纤维分布均匀，起到类似筛网作用，延缓或阻止了混凝土现浇楼板早期混凝土裂缝的产生和发展，对混凝土现浇楼（屋）面板中、长期的裂缝也有较好的抑制作用，提高了材料介质的连续性，使硬化后的混凝土性能得到显著改善，从而提高了混凝土的抗渗透性，避免了混凝土的受力钢筋直接接触湿气、氯化物而产生锈蚀，增加了混凝土的耐腐蚀性，从而提高了混凝土现浇楼（屋）面板的耐久性，大大增加了建筑物的寿命。

（2）聚丙烯纤维能显著提高混凝土早期防裂性能。聚丙烯纤维随着掺量的增加，其防裂效果而显著增加，在掺量达到 0.6kg/m^3 时，其防裂效果已经明显。当掺量达到 1.0kg/m^3 时，其防裂效果很显著。这时再增加纤维的掺量，防裂效果提高已经不再明显。聚丙烯纤维用于混凝土防裂的合理掺量在 0.6 ~ 1.2kg/m^3，防裂效果较好。

（3）聚丙烯纤维对混凝土中、长期防裂性能有较大的影响和贡献。相同龄期的纤维混凝土随着聚丙烯纤维掺量的增加，其防裂效果增加，当掺量达到 1.0kg/m^3 时，其防裂效果更显著。同等纤维掺量混凝土，随着龄期的增加（28d 后），防裂效果随之增加。

（4）长纤维细化裂缝的作用更加明显。建议短纤维主要用于素浆或砂浆，长纤维主要用于混凝土。纤维长度应与粗骨料的粒径相适应，直径越大的粗骨料，应选择较长的纤维。但纤维较长时，必须注意解决纤维分散性问题。

（5）聚丙烯纤维对混凝土的早期防裂具有非常好的效果，对混凝土中、长期裂缝也有较好的抑制作用，对混凝土中、长期防裂性能有较大的贡献。纤维混凝土是一种性能优良的材料，可以有效地解决现浇混凝土楼（屋）面板易开裂、渗漏等问题。

2. 提高混凝土现浇楼板的防水抗渗性能

在混凝土中加入适量的聚丙烯纤维后，可以有效地抑制混凝土现浇楼板早期干缩微裂缝及离析裂缝的产生和发展，极大地减少收缩裂缝，有效地抑制贯通裂缝的产生。均匀分布，彼此相粘连的纤维起了“承托”骨料的作用，降低了混凝土表面的析水与骨料的离析，有效地保证了均匀泌水，从而使混凝土中直径为50~100nm和大于100nm（$1nm=10^{-9}m$）的孔隙含量大大降低，使混凝土的抗渗能力提高60%以上。

研究发现，掺入聚丙烯纤维后，混凝土防水抗渗性能的改善效果与纤维掺量有关，在一定掺量范围内，掺量越大，效果越佳。但考虑到性能改善与经济成本双重因素的影响，在一般工业及民用建筑中，掺入量的体积率以0.1%~0.3%较为合理，纤维长度为19~30mm为宜。

聚丙烯纤维能有效改善混凝土的抗渗性能，但降低了混凝土的坍落度，尤其对大坍落度混凝土影响更大。因此，对于泵送大坍落度混凝土应适当调整减水剂的品种及用量，满足现场施工对坍落度的要求。

在混凝土腐化池，地下室工程，楼（屋）面工程，贮水池，外墙粉刷等方面，采用聚丙烯纤维作为解决渗透的防水材料效果显著。

3. 使得混凝土的抗拉强度、拉伸极限应变、临界断裂时的最大裂缝宽度增加通过对聚丙烯纤维混凝土的直接拉伸试验分析，可获得下面主要结论：

（1）随着纤维掺量增加，抗拉强度及抗拉极限应变增加。纤维掺量为 0.9kg/m^3 时，纤维混凝土的抗拉强度比基准混凝土提高约 9%，极限拉伸应变提高 26%。纤维混凝土的抗拉强度、极限拉应变的提高，证明掺加聚丙烯纤维具有良好的阻裂性能，提高了硬化混凝土的抗裂性能。

（2）纤维混凝土临界断裂时的最大裂缝宽度比素混凝土大，当纤维掺量为 0.7 kg/m^3时，纤维混凝土的临界断裂时的最大裂缝宽度比基准混凝土提高 49%。

（3）纤维掺量增加时，断裂能增大。当纤维掺量为 0.9 kg/m^3时，纤维混凝土的断裂能比基准混凝土提高 53%[21]。

（4）纤维掺量增加时，特征长度增大，韧性增加。

纤维掺量 0.9kg/m^3 时，纤维混凝土的特征长度比基准混凝土增加 26%[21]。说明纤维掺量增加，纤维混凝土脆性降低，韧性增加。

4. 提高混凝土的抗冻性能和耐温差性能

在混凝土中加入聚丙烯纤维，可以缓解温度变化而引起的混凝土内部应力的作用，阻止温度裂缝的扩展。这种性能恰好补偿了混凝土及砂浆的热胀冷缩特性，因此，它可作为一种混凝土温差补偿抗裂手段，广泛用于寒冷地区。

5. 降低高强度混凝土的脆性

高强度混凝土是混凝土技术的一个重要发展方向，它能适应现代化工程结构向高大跨度、高耸、重载方向发展，符合现代施工技术采用工业化生产的要求，但高强度混凝土在材料力学性能上呈现明显的脆性，而且极限拉应变变小，易产生劈裂现象，这些不利因素影响了高强度混凝土的更广泛使用。聚丙烯纤维的比表面积大，它们和水泥基料有极强的粘结力，在混凝土内部形成均匀的乱向体系，观察混凝土试件的破坏形式发现：普通混凝土试件为脆性破坏，完全断裂，而在相同试验条件，纤维网混凝土试件仅有两条不同方向的短裂缝，试件仍保持完整。这反映聚丙烯纤维能大大提高混凝土的抗裂能力和韧性，对克服高强度混凝土的脆性有较理想的效果，具有十分重要的工程价值。

6. 能保持混凝土拌合物坍落度

通过合适的搅拌工艺及纤维掺量，聚丙烯纤维混凝土拌合物的坍落度有少量损失，但流动性没有降低，并不影响混凝土的工作性能。同时拌合物浆体更加均匀，泌水现象明显降低，黏聚性和保水性都有大幅度提高。

7. 可以增大混凝土压缩破坏时的延性

混凝土中由于纤维的加入，增大了混凝土压缩破坏时的延性。混凝土并不出现崩碎和突然的强度降低，而是在达到峰值后强度逐渐降低，表现出一定的破坏过程，出现破坏征兆，是混凝土表现出延性破坏的性质。同时，由于纤维减少了混凝土中原生裂缝，并且限制了混凝土中裂缝的发展延伸，所以纤维混凝土试件的开裂荷载较素混凝土试件要大。

8. 减少早期塑性收缩裂缝和中、长期裂缝

在实际工程中运用聚丙烯纤维减少了现浇混凝土楼板的早期塑性收缩裂缝和中长期裂缝，提高抗裂性，减少后期板角和板中收缩裂缝的产生。解决了楼（屋）面板渗漏的问题，提高了混凝土的抗渗性能。

9. 节省投资，提高经济效益

合成纤维应用到现浇混凝土楼板节省了投资，可以获得较大的经济效益。同时，由于纤维混凝土优越的性能和品质，也会带来一定的社会效益。

6.2 进一步的研究设想

应该指出本文对聚丙烯纤维混凝土楼板中、长期非荷载抗裂性能的研究和分析工作还不完善，在以下几个方面有待于进

一步深入研究和探讨。

（1）在室外仿照实际工程条件和状况进行聚丙烯纤维混凝土楼（屋）面板中、长期抗裂的缩模试验，进一步研究和探讨聚丙烯纤维混凝土楼（屋）面板抗裂、抗渗等耐久性能。

（2）利用数学知识，建立聚丙烯纤维改善混凝土楼（屋）面板中、长期抗裂性能的数学模型并在实际工程应用检验。

（3）结合室内试验数据和具体工程实践进行聚丙烯纤维现浇混凝土楼（屋）面板最优化设计研究。

（4）加强聚丙烯纤维混凝土微观结构与宏观力学性能联系的研究，应对聚丙烯纤维混凝土纤维界面进行研究，准确把握微观结构和宏观力学这两者之间的量化关系，可极大地发展聚丙烯纤维混凝土抗裂性的机理理论。

（5）开发聚丙烯纤维混凝土楼（屋）面板抗裂防渗性能的施工工法并用于指导工程实践。

第7章　工法建设与聚丙烯纤维楼（屋）面结构抗裂防渗施工工法

聚丙烯纤维混凝土楼（屋）面板具有良好的抗裂防渗性能，如何在实际工程施工中转化为效益，是业界经常探讨的一个课题。笔者以为必须要有一个先进的施工工法来配套、指导和管理施工，才能充分利用其抗裂、防渗性能，充分发挥出其显著的经济效益和社会效益。施工工法是把先进技术与科学管理结合起来，经过工程实践形成的综合配套的施工方法，是现代建筑工程施工技术不断发展的产物，是打造企业核心竞争力的利器。工法的广泛应用，能大大提高建设项目的科技含量，促成企业建筑科技的可持续发展，带动整个建筑业的繁荣和发展。

《聚丙烯纤维混凝土现浇楼(屋)面结构抗裂防渗施工工法》是作者作为广西大业建设集团公司总工程师主持的多项聚丙烯纤维现浇混凝土抗裂防渗工程施工实践,总结出的一套较好避免楼(屋)面等结构渗漏和开裂现象发生的施工方法。该工法在有关项目施工中得到了非常成功应用,具有较好的经济效益、社会效益和推广前景。该工法技术水平达到国内和广西壮族自治区内较先进水平,被广西住建厅授予2009年度自治区级工法。

如今，建筑业经常提到工法一词。那么，什么是工法？我国的工法制度是如何建立起来的？工法一般都包含哪些内容？工法对于建筑业有什么好处？如何开发和申报高水平的工法？本章将就此进行详细叙述。

7.1　我国建筑工程施工工法制度诞生始末

20世纪80年代，国家利用世界银行贷款在云贵高原上建设鲁布革水电站，其中部分工程项目实行国际招标。当时许多外国工程公司纷纷进入我国参与投标，最终是日本企业签下了工程合同。在日本人凭借严格的管理制度和完善的施工工法按时保质地完成施工任务以后，日本人开创的施工工法制度引起了有关部门的注意。

1987 年，原建设部在以推广鲁布革工程经验为主题的全国施工工作会议上，首次提出实施项目法施工的概念。后来，有关领导多次建议在我国建筑业推行工法制度，于是在 1989 年，原建设部下发了《施工企业实行工法制度的试行管理办法》。为了执行新办法，有关部门决定，北京市建筑工程总公司与其他 17 个大型建筑企业一起，作为第一批工法编制试点单位，着手进行工法编制工作。

20 世纪 80 年代中后期，北京市建筑工程总公司曾经承接了华侨公寓、方庄居民小区等一大批新型住宅建设项目。这些住宅不但内部结构设计较从前有明显改变，而且房屋开间规模也加大了许多。为了完成施工任务，一线技术人员曾经在没有规范标准的情况下，针对工程中遇到的技术难题，研究出多项新工艺、新技术。由于有一定的技术资源储备，所以，当 1989 年公司作为第一批工法编制试点单位开始编制正规工法时，这些资源派上了用场。公司由副总经理亲自挂帅，总工程师和科研室主任直接牵头，各分公司纷纷成立了以科研室为主的编制小组。大家将各分公司近年来应用新技术的成功案例进行集中，系统总结成文后上报到公司科技处，科技处再进行甄别筛选，然后将有价值、符合工法制度编制要求的内容进行整理改编，最后将完整的资料汇总至上级单位。北京市建筑工程总公司编制出的第一批工法包括无粘结预应力混凝土梁板结构施工工法，大开间板式楼大模板施工工法，预应力薄板叠合楼板施工工法，大吨位网壳（架）高空滑移施工工法，套管式轴向挤压钢筋接头施工工法，锥螺纹钢筋接头施工工法等。这些工法全部诞生于生产一线，曾经解决过许多建设项目中遇到的技术难题，在工艺技术符合设计要求的同时，还获得过市级以上的科技成果奖。工法上报至原建设部后，很快便得到认可，并且于1990年开始在全国范围内推广普及。施工工法制度的确立，有力地推动了整个建筑行业的技术进步，对修订技术标准、完善施工规范起到了促进作用。北京市建筑工程总公司就曾利用上述工法，成功地完成了北京西客站北站房东侧门楼、西侧网架和后来大批重点工程项目的施工。

为推进我国工程建设工法的开发和应用，促进企业加大技术创新力度和技术积累，提升整体施工技术管理水平和工程科技含量，建设部从1989年开始了工法的推进和管理工作，并于2005年8月颁布了《工程建设工法管理办法》，对我国工程建设工法管理作出了明确的规定。2007年3月，由建设部颁布的《施工总承包企业特级资质标准》，把“企业具有国家级工法3项以上”作为特级资质企业必须具备的若干条件之一。从此，各建筑施工企业是否拥有国家级或省级、企业级工法将是企业保持资质和晋升资质不可或缺的前提条件之一，也是时代发展对建筑业提出的必然要求。

7.2 建筑施工工法概念与概况

1. 定义

工法是以工程为对象，工艺为核心，运用系统工程原理，把先进技术与科学管理结合起来，经过一定工程实践形成的综合配套的施工方法。

2. 分级

我国的工法分为国家级（一级）、省级（二级）和企业级（三级）三个等级。企业经过工程实践形成的工法，其关键技术达到国内领先水平或国际先进水平、有显著经济效益或社会效益的为国家级工法；其关键技术达到省内领先或先进水平、有较好经济效益或社会效益的为省级工法；其关键技术达到企业先进水平、有一定经济效益或社会效益的为企业工法。

3. 专业

工法目前按专业分为房屋建筑、土木工程、工业安装三个专业。

4. 基本要求

两个必须：

(1) 工法必须符合国家工程建设的方针、政策、标准、规范。

(2) 工法必须具有先进性、科学性、实用性（简称“三性”），保证工程质量和安全（简称“两个保证”），提高施工效率，降低工程成本，节约资源，保护环境等特点。

5. 国家级工法的申报批准与权益、奖惩

(1) 只有已公布的省（部）级工法，才可申报国家级工法。

(2) 国家级工法，其关键技术应属国内领先或国际先进，新技术、新工艺、新材料、新设备（简称“四新”）应经国务院或省（部）建设行政主管部门组织的建设工程技术专家委员会审定。

(3) 国家级工法的整体技术，应立足国内，必须是申报单位自行研制开发或会同其他单位联合研制开发。

(4) 国家级工法的编写内容，应齐全完整，应包括工法名称、前言、工法特点、适用范围、工艺原理、施工工艺流程及操作要点、材料与设备、质量控制、安全措施、环保措施、效益分析和应用实例，缺一不可。

(5) 国家级工法，由企业自愿申报，经国家级工法评审委员会评审合格，由建设部负责审定，每两年评审一次，评审数量原则上不超过 120 项。

(6) 国家级工法，由建设部公布，并对获得国家级工法的单位和个人颁发证书，个人证书每项工法不超过 5 人。

(7) 批准的国家级工法，有效期 6 年，应注意技术跟踪、加大创新力度、及时修订工法、保持工法技术的先进性和适用性，同条件下工法所有权单位有申报延期的优先权。

(8) 工法可有偿转让，关键技术可申请专利，申报奖励，可纳入国家、行业、地方标准。

(9) 各级建设行政主管部门，应对有突出贡献的企业和个人给予表彰，企业应对有突出贡献个人予以表彰奖励 。

(10) 对已公布的国家级工法，如发现剽窃作假等重大问题，经核实后撤销其国家级工法称号，5 年内不再受理其单位申报国家级工法。

7.3 建筑施工工法的内涵

1. 工法是先进的施工方法

工法的核心是工艺，而不是材料、设备，也不是组织管理。采用什么样的机械设备、如何去组织施工，以及保证质量、安全措施等，都是为了保证工艺这个核心的顺利实施，是综合配套的施工方法。工法在相当一段时期能直接指导施工应用，并能取得良好的效果，其技术是成熟的、可行的、领先的、创新的。比普通施工方法的技术和管理水平要高。

2. 工法是特有的专业性很强施工方法

工法只是某个或某些施工企业所有的、有关键技术或诀窍的施工方法，是企业的专利。企业工法只为本企业施工提供这样的特有的施工方法，上升到行业或省级工法将提升相类同的工程的施工水平。工法是施工企业针对工程特定领域或某个分部分项开发的，是有关键技术或诀窍的施工方法，每个工法只能用于工程的某个特定领域或分部分项，专业性很强。例如，广西自治区级工法《清水混凝土施工工法》、《Ⅲ级钢施工工法》、《高大模板支撑体系施工工法》、《转换层高大模板施工工法》等都是特有的专业性很强施工方法。

3. 工法是完整适用的施工方法

工法的主要服务对象是工程建设。它来自工程实践，并从中总结出确有经济效益和社会效益的施工规律性，又回到施工实践中去应用，拿来就能用，用了就能成功的现成的施工方法。工法可大可小，但必须是完整的。

4. 工法是运用系统工程原理总结出来的综合配套的施工方法

工法既不是单纯的施工技术，也不是单项技术，而是技术和管理相结合配套的施工技术。它包含有工程的特点、工艺原理、施工工艺、操作要点、质量控制、安全环保措施、劳动力组织、技术经济指标、应用实例等内容，因此具有较强的系统性、科学性和实用性，综合地反映了技术与管理的结合和统一。

7.4 工法打造施工企业核心竞争力

推行工法制度可以促进企业加大技术创新力度和技术积累与技术跟踪，提升企业整体技术素质和施工技术管理水平，加速科技成果向现代生产力转化。工法是打造施工企业核心竞争力的利器。

1. 工法是施工企业参与市场竞争的制胜法宝

我国现阶段建筑市场，竞争非常激烈，市场不仅对造价，而且对工程的质量、进度的要求已到了十分苛刻的地步，每次工程项目招标时，企业之间往往“杀”得你死我活。没有任何技术含量的最低价投标、高质量的承诺、天方夜谭式的工期，使施工企业很无奈。这些承诺的成立都应建立在优秀的企业管理、光辉的业绩、装备精良的设备和先进的施工技术的基础上。而先进的施工技术就应该由先进企业的技术标准作为支撑。在激烈的市场竞争中施工企业要做到“人无我有，人有我强，人强我优”，始终处于优势，就必须依靠先进的施工技术和企业自主的知识产权。在业主苛刻的要求之下，如何在质量、进度上满足业主的要求，又如何在这个前提下企业能够获得最大的经济效益，这就要看企业的施工技术、工作标准及综合管理，看谁的标准水平高、技术含量高、管理好。其中，作为企业标准之一的施工工法就显得十分重要。能真正发挥大中型企业技术优势，真正以技术能力参与市场竞争。

竞争异常激烈的建筑投标市场，先进的施工技术和企业的业绩就是投标的重要法宝。如果一个企业拥有几项国家级和区（省）级工法，在参与竞争中则会处于非常有利的位置。

例如，2010 年某市 A 工程（造价约 4000 多万元）招标投标，广西大业建设集团以总分第二入围进入了投标的终极 PK，最终中标。其中标的主要原因在于该公司在终极 PK 时的承诺打动了评委："我公司在 A 工程将利用公司的区级工法《聚丙烯纤维混凝土现浇楼（屋）面结构抗裂防渗施工工法》管理指导施工，创优质工程，在地下室和大跨度无缝屋面结构施工采用纤维混凝土技术，以提高结构的抗裂抗渗防水性能，确保工程质量，由此增加的成本费用本公司承担。"

2. 工法可使施工企业积累无形资产、宝贵技术财富和知识产权

在没有推行工法制度以前，我们不少企业由于种种原因，重经营，轻管理，忽视技术作用，不善于技术跟踪和技术积累，难以形成具有本企业特色的配套的新技术系列，往往是完成任务后，人散资料丢。作为企业，要重视研究、开发、编制包括施工工法在内的企业标准，新的施工工法通过工程试用，成为企业的技术标准，并通过推广应用，逐步上升到地方标准、行业标准，甚至国家标准。企业通过编制施工工法，可以对企业的管理和技术经验进行系统的整理和总结，形成本企业管理和技术财富，形成本企业自主的知识产权，有助于提高企业的技术素质和施工管理能力，为企业的发展服务，也是企业做大做强的有力手段之一。工法的形成，是一个技术积累和技术跟踪的过程，有助于提高工程管理和技术人员的技术水平和撰写科技文章的能力。

例如，广西五建有四篇工法荣获了2007～2008年度国家级工法：《基坑土钉墙支护施工工法》、《超厚（2.6m）医用直线加速器室现浇钢筋混凝土结构施工工法》、《山岭地区长距离通廊结构吊装工法》、《活动轨道法控制楼（地）面平整度施工工法》。这四项工法的获得既提升了广西五建特企形象，充分显示广西五建特级资质施工企业实力，又为广西五建顺利通过特级资质复评打下坚实的基础。

3. 工法促进施工企业技术进步和技术升级，提高企业（行业）的整体技术水平

工法的关键性技术是省内领先水平或国内先进水平（国内领先水平或国际先进水平），工法体系形成后，施工企业可以用工法覆盖技术工作的一个侧面，推进技术管理标准化。有利于加强企业的技术管理，促进科技成果迅速转化为生产力，工法的编写、应用与科技推广密切结合，有利于企业采用新技术，对企业的技术进步将起到关键作用。

例如，公路施工特级企业广西路桥总公司，有3项国家级工法，25项区级工法，该公司以这些工法为技术后盾，成功完成了被誉为"世界第一拱"的广西邕宁邕江大桥拱桥，并荣获国家科技进步二等奖；施工方面大胆创新，水泥混凝土路面平整度施工技术水平处于全国领先。

4. 工法是企业的技术标准，可以作为评标的依据之一

工法对内可作为组织施工和普及技术教育的工具，可大大简化施工组织的编制和施工方案的准备工作，对外有利于工程项目投标竞争与企业的开拓竞争。针对投标中优质工程的承诺、工期的缩短、报价的降低，施工企业究竟靠什么"撒手锏"来满足市场的要求，评标专家越来越重视施工企业的投标方案中的技术含量。由此挖掘施工企业的潜力，鼓励施工企业向技术要效益，以技术促进度，用技术保质量，从而形成一个良性循环的市场竞争机制。

5. 确保施工企业直接获得经济效益

工法来源于工程，从实践总结出来，再次应用到工程实践中，少走很多弯路，从而降低成本。

6. 促进环境保护，有利于可持续发展，为社会造福

7. 工法是特级资质企业的一个重要组成部分

在2007年公布的特级资质标准中，明确要求特级资质企业必须具有一定数量的国家级工法（摘录如下）。

施工总承包企业特级资质标准（2007年3月13日）

申请特级资质，必须具备以下条件：

一、企业资信能力（略）

二、企业主要管理人员和专业技术人员要求（略）

三、科技进步水平

1. 企业具有省部级（或相当于省部级水平）及以上的企业技术中心。

2. 企业近三年科技活动经费支出平均达到营业额的0.5%以上。

3. 企业具有国家级工法3项以上；近五年具有与工程建设相关的，能够推动企业技术进步的专利3项以上，累计有效专利8项以上，其中至少有一项发明专利。

4. 企业近十年获得过国家级科技进步奖项或主编过工程建设国家或行业标准。

5. 企业已建立内部局域网或管理信息平台，实现了内部办公、信息发布、数据交换的网络化；已建立并开通企业外部网站；使用了综合项目管理信息系统和人事管理系统、工程设计相关软件，实现了档案管理和设计文档管理。

四、代表工程业绩（略）

7.5 工法是企业标准的重要组成部分

1. 技术标准的层次及概述

按照《中华人民共和国标准化》的规定，标准分为四级：

国家标准、行业标准、地方标准和企业标准。国标是最高级别的标准，是必须达到的起码要求，它级别最高，但要求的水平最低，而企业标准作为最基础的层面，也是最具有活力的。

2. 工法与标准、规范、规程的关系

工程建设的国家标准除一部分产品外多数称规范；规程大多数为行业标准；操作规程、工艺标准、标准化作业等多数为企业标准。国家标准级别最高，任何行业、企业标准的有关规定都不能与国家标准相抵触。而企业标准中的有些技术规定往往要高于国家标准和行业标准。对企业生产或施工的严格要求，可有效地保证国家和行业标准的顺利实施，也有利于企业创造优质工程或名牌产品。工法是属于企业标准范畴，是企业标准的一个重要组成部分。工法的编制，要以规范规程为依据。当有足够根据与规范规程不一致时，也需经有关部门的核准。

工法技术管理水平高于国标、行标、地标，高于一般的企业标准。

3. 工法是企业标准组成部分，是质量安全的技术保证

工法必须满足企业生产要求，立足于提高工作效率、降低成本；提高工程质量，消除质量通病；提高施工技术水平，淘汰落后施工工艺。在我国，建筑工程施工规范的建立已有近50多年的历史，过去由政府制定整个全过程的施工规范的方式，在面向新技术的快速发展、面向经济体制转型的时代，已不相适应了。

4. 工法的基本要求是全面的和与时俱进的

建设部1989年印发了《施工企业实行工法制度的实行管理办法》，建设部文件建建［1996］163号《建筑施工企业工法管理办法》，2005年建设部文件建质（2005）154号《工程建设工法管理办法》增加了安全措施、节能、降耗、环保要求，就标准体系看要求是最高和最严的。

5. 工法具有知识产权的地位

工法系知识产权的范畴，根据《工程建设工法管理办法》

第十五条规定，工法所有权企业可根据国家相关法律、法规的规定有偿转让工法。工法中的关键技术，凡符合国家专利法、国家发明奖励条例和国家科学技术进步奖励条例的，应积极申请专利、发明奖和科学技术进步奖，工法可以进行有偿转让，可以申请专利，可以申报获奖。具体转让的方式依据合同法的规定，以书面形式签订合同，约定双方的权利和义务。

7.6 工法的分类

（1）按工程分为房屋建筑工程、土木工程、工业安装工程三个类别。

（2）按级别分为国家级、省（部）级、企业级。

（3）国家级工法每两年评审一次，评审数量原则上不超过120项。

（4）已批准的国家级工法有效期为六年。

7.7 工法文本编写内容及要求

1. 前言

概述本工法的形成原因和过程，关键技术的审查（鉴定）结果及获奖情况，内容包括工法的研究开发单位，开发及鉴定时间，主持鉴定单位，获奖等级等内容。

2. 工法特点

说明本工法在使用功能或施工方法的特点。与传统的施工方法相比在工期、质量安全、效益等经济效能等方面的先进性和新颖性。如果只是一个应用方法的工法，则仅需写使用上的特点。要注意不要把这一节写成本技术在使用功能或施工方法上的特点。工法中含有技术与管理，技术仅是工法中的一部分。

3. 适用范围

说明最宜采用本工法的工程或工程部位。有的工法还规定最佳的技术条件和经济条件。工法是一个综合配套的系统工程，因而在这一节中不要仅仅强调本技术的适用范围，也不要把这一节写成最宜采用本技术的工程对象或工程部位。

4. 工艺原理

说明本工艺核心部分的原理及其理论依据。凡是涉及技术秘密方面的内容，在编写时应回避，使读者能一般了解工艺原理的大致内容而不会真正掌握机密的核心内容。按知识产权法的有关规定对企业的利益予以保护。对工法中包含的技术专利，编写时可以写明专利编号。

5. 施工工艺流程及操作要点

说明本工法的工艺流程及操作要点。工艺流程不但要说明基本工艺过程，而且还要说清程序间的衔接及其关键所在。工艺流程及操作要点最好采用流程图或网络图来描述。这一部分是工法编写要点，按照实际施工过程的各个步骤，用书面的形式表达清楚、明确、具体，需要附图、计算公式、列表的地方应详细编写，这是能否申报成功的关键，必须让评审人员能看懂、能辨别出申报的工法的先进性、科学性、实用性。也就是说申报的工法的施工工艺流程及操作要点是企业在采用该工法的再现。要求要有实际工程录像(工艺录像)(通常15~20min)和仿真动画模拟。

6. 材料与设备

说明本工法所使用的主要材料的规格、主要技术指标及质量要求等。对于已有质量及验收指标的材料，应该列出标准的编号与名称，同时给出主要技术指标。对于还没有质量及验收标准的材料及初次使用的新型建筑材料，还应提供相应的检验与验收方法。

说明实施本工法所需的主要施工机械、设备、工具、仪器的名称、型号、性能以及合理的配置数量。通常采用列表的方法，对于动力设备还应标出电源电压与电动机功率。

说明实施本工法所需工种构成人员数量，合理的配置数量以一个最佳劳动组合作为计算单位。应说明各工种的技术等级，对于特殊工种需特殊上岗的情况也应加以说明。

7. 质量控制

说明本工法必须遵照执行的国家及有关部门、地区颁发的标准或规范名称，并指出本工法在现行标准或规范中未规定的质量要求。阐明关键质量过程是如何控制的。

8. 安全措施

说明本工法实施过程中，根据国家、地方（行业）有关安全的法规，所采取的安全措施及应急预案，应注意的安全事项和采取的具体措施。

9. 环保措施

在工法实施过程中，遵照执行的国家和地方（行业）有关环境保护法规中所要求的环境指标，以及必要的环境监测、环境保护措施和在施工中应注意的事项。在编写过程中可以按照全国绿色建筑创新奖实施细则（试行）中的要求将节能材料、节能施工工艺、具体工程应用情况进行编写。

10. 效益分析

从工程实际效果对本工程工法的质量、工期、成本、环保、节能等指标进行综合分析，说明本工法所获得的经济效益（消耗的物料、工时、费用等）和社会效益（可与国内外类似施工方法的主要技术指标进行分析对比)，尽可能提供一些参考数据。

11. 应用实例

说明应用本工法的工程项目名称、地点、开(竣)工日期,实物工程量和应用效果。可以采用列表的形式。一项工法的形成一般须有三个工程的应用实例。

7.8 工法的语言结构

(1) 严格掌握规定的程度。

表示严格、非这样做不可时采用“必须”或“严禁”；表示严格在正常情况下均这样做时采用“应”或“不应”；表示容许稍有选择，在条件许可时，首先应这样做时，采用“宜”或“不宜”。

（2）文字简练、准确，无赘述，无重复。

（3）采用科技词汇及标准术语，避免口语化或方言，杜绝模棱两可或多重理解。

（4）重点突出，层次分明，阐述连贯，逻辑性强。

（5）数据真实、准确，不含糊，不作假。

（6）使用法定计量单位，并以规定的符号表达量值。

（7）图表与文字相互结合和配合，避免重复，图标应作为文字的补充紧跟在文字之后。

（8）编写层次、顺序，按章、节、条、款、项，全部用阿拉伯数字表示。

7.9 国家级和省级工法申报条件

7.9.1 国家级工法的申报条件

（1）已公布为省（部）级的工法。

（2）工法的关键性技术属于国内领先水平或达到国际先进水平；工法中采用的新技术、新工艺、新材料尚没有相应的国家工程建设技术标准的，应由国务院建设行政主管部门或者省、自治区、直辖市建设行政主管部门组织的建设工程技术专家委员会审定。

（3）工法经过工程应用，经济效益和社会效益显著。

（4）工法的整体技术立足于国内，必须是申报单位自行研制开发或会同其他单位联合研制开发。

（5）工法编写内容齐全完整，应包括：前言、工法特点、适用范围、工艺原理、施工工艺流程及操作要点、材料与设备、质量控制、安全措施、环保措施、效益分析和应用实例。

7.9.2 省级工法申报条件

（1）已审定为企业级工法。

（2）工法关键技术达到国内先进水平或省内领先水平。

（3）工法应经过二至三个工程应用，经济效益和社会效益显著。

（4）工法整体技术立足于企业自己或与其他企业联合开发，材料设备立足国内。

（5）工法文本内容齐全完整，文字简练。

7.10 国家级和省级工法申报的资料

7.10.1 国家级工法的申报资料

1. 书面申报材料

（1）国家级工法申报表（正本的公章为原件）。

（2）工法内容材料（如工法内容与相关国家或行业工程技术标准一致，还需提供相应技术标准复印件）。

（3）省（部）级工法批准文件复印件。

（4）省（部）级工法评审委员会的评审意见复印件（包括工法关键技术水平，工法应用所产生的经济、社会效益和推广前景等）。

（5）关键技术鉴定（评估）证书复印件，关键技术应经省级住房和城乡建设部门或行业主管部门组织的技术专家委员会审查。

（6）工程应用证明（正本的公章为原件，由建设单位加盖公章或施工承包合同书为据）。

（7）经济效益证明（正本的公章为原件，财务部门提供）。

（8）专业技术情报部门提供的科技查新报告复印件。

（9）关键技术专利证书和科技成果获奖证明复印件。

（10）反映实际施工中工法操作要点的照片（十张）。

（11）可附加工法对外进行技术转让的证明材料。

以上申报资料用 A4 纸打印，软皮纸装订成册，一式四份

（正本一册、副本三册）及电子版文本光盘两份。

2. DVD 录像

DVD 录像应反映工法实际施工的工艺流程、操作要点及关键技术原理；提供 DVD 录像确有困难的，可用纸质照片代替。

7.10.2 省级工法申报的资料

（1）工法申报书。

（2）工法文本。按《工程建设工法管理办法》中规定的十一项内容进行编写。

（3）企业级工法审定文件。

（4）工法关键技术鉴定（检测）证明，专利、获奖证明。

（5）工法工程应用效益证明有效文件。

（6）工程应用过程录像，工艺原理幻灯片或模拟仿真动画光盘。

（7）照片及其他资料。

7.11 专利申请和申报奖项

工法中的关键技术符合专利、发明奖、科技进步奖等奖项条件的应积极申请专利和申报奖项。

（1）专利（一般应委托专门机构，如律师事务所、事务代理所等代理）。

（2）申报国家（或省）发明奖。

（3）申报国家（或省）科技进步奖。

（4）申报建设部绿色建筑创新奖。

7.12 建筑企业如何进行工法选题和开发（以部分广西区级施工工法为例）

工法的开发和应用，能提高建设项目的科技含量，促成企业建筑科技的可持续发展，带动整个建筑业的繁荣和发展。工法来自工程实践，并从中总结出有经济效益和社会效益的施工规律，又能回到施工实践中去应用，拿来就能用，用了就能成功。

如何在看似平常的施工生产经营活动中开发和挖掘提炼出高水平的施工工法是目前困扰建筑企业并亟待解决的问题，作者根据自己多年来主持广西大业建设集团的工法建设和给广西建筑施工企业进行工法培训等工作经验，结合部分已获批的广西自治区级工法，给出解决以上难题的思路和典型的案例分析。

7.12.1 施工工法的选题

1. 选题基本原则

(1) 尽量运用成熟的工法与技术。

(2) 在原有成熟的工法和技术水平上开发新的工法与技术。

(3) 开发新的工法具有较普遍的应用价值。

2. 选题思路

(1) 思路一：施工企业在推广新技术、新材料、新设备时形成的专项施工方法。选题时可多从建筑业 10 项新技术 (2010) 中考虑。

如：2009 年广西区级工法《聚丙烯纤维混凝土现浇楼（屋）面结构抗裂防渗施工工法》选题特点：

1）广西大业建设集团公司以南宁市荣宝华商城等工程为实践对象，总结开发的。

2）在工程楼、屋面板和地下室混凝土施工中，推广新技术、新材料、新工艺“聚丙烯抗裂纤维混凝土技术”时形成专项施工技术和施工方法，并以此作为编制工法的关键技术。

3）该项技术属于建筑业 10 项新技术（2010）。

(2) 思路二：施工企业的专项技术已达到或超过本企业先进水平，在时间点上先于同行业其他企业而编制的施工方法。

如：2011 年广西区级工法《超大面积激光整平原浆压光混凝土楼地面施工工法》选题特点：

1）广西建工集团第二建筑工程有限公司及中国建筑第八工程局有限公司在深圳市华星光电第8.5代线薄膜晶体管液晶显示器等工程实践中成功应用并开发。

2）工法关键技术：大面积现浇楼（地）面采用激光整平机进行一次性原浆机械化整平、抛光，平整度达到3mm/3m，整层楼（地）面水平度偏差小于15mm，与普通整平方法完成的混凝土相比，可提高表面硬度、耐磨性，延长使用寿命，降低维护成本和项目建造成本。

3）这一专项技术已超过本企业先进水平，在时间点上也先于同行业其他企业，以该专项技术编制的施工方法具有较高的技术价值，技术水平在同类工程中处于领先。

（3）思路三：施工企业对类似的工法在应用中又有所创新和发展而编制形成的工法。

如：2010年广西区级工法《大体量大体积混凝土一次连续浇捣施工工法》选题特点：

1）广西建工集团第五建筑工程有限责任公司在广西南宁南湖名都广场工程实践中成功应用并开发。

2）工法的关键技术“大体量大体积混凝土一次连续浇捣施工技术和综合温控施工技术”，减少了工序之间的交叉，避免了各种施工缝的处理，简化了施工程序，加快了施工进度，提高了结构整体性和抗裂、抗渗、抗震性，取得了很好的经济效益：成本节约100～150元/m^3。

3）这种技术在常规的大体积混凝土多次分段浇筑施工工法的基础上有所创新和发展。

（4）思路四：施工企业运用系统工程原理和方法，对一个（或若干）分部分项工程施工，经加工整理而形成综合配套的大型施工工法。工法经过工程应用，经济效益和社会效益显著。

如：2008年广西区级工法《超大型深基坑逆作法施工工法》选题特点：

1）广东省基础工程公司在南宁市佳得鑫水晶城工程的地基

基础分部分项工程施工实践中成功应用，并经加工整理而形成的一个综合配套的大型深基坑工程施工工法，经济和社会效益非常显著。

2）这个工法的基坑支护技术在广西是首次应用，其中地下连续墙、高强度混凝土钢管柱、逆作法施工技术是该公司首次引入南宁市应用。这个工法还应用到南宁市新华街二期人防工程，具有施工安全、工期短、造价低、环境效益好。

3）该工法的关键技术“超大型深基坑地下室逆作法及相关施工技术的应用研究”，作为科技创新成果 2008 年 2 月通过了广西科技厅组织的鉴定，达到了国内领先水平。

（5）思路五：施工企业要关注已公布的省（部）级工法、国家级工法，乃至先进企业的企业级工法，避免低水平地重复。

纵观这几年广西施工企业开发、申报国家级、区级工法的工作，我们了解到，有些企业在开发申报工法时，没有很好地进行调查研究，也不去了解已公布的历年的国家级、区级工法，而是闭门造车，做出来的工法很多只是在低水平地重复别人的工作或是将别人做的工法简单改头换面，换汤不换药。这些都是不可取的。

（6）思路六：国家级的工法开发编写，将建筑节能与新能源开发利用技术、节水与水资源开发利用技术、节材与材料资源管理利用技术、建筑能耗分析及建筑能效测评与标识技术等工法放在优先地位。

3. 选题步骤

（1）工程重、难点分析。

（2）针对重难点工程，查找适用的工法或类似工法。

（3）对关键技术进行主题研究。

（4）确定工程所采用工法的名称和内容。

7.12.2 施工工法开发的步骤和要点

以下以广西区级工法《聚丙烯纤维混凝土现浇楼（屋）面结构抗裂防渗施工工法》开发为案例

1. 设立机构、建章立制，为工法开发保驾护航

企业通过设立工法的研发机构，制定管理和奖惩条例，层层落实开发责任，可以进一步调动相关人员的积极性和责任心，使工法开发全程顺利有保障。

例如：国家一级企业广西大业建设集团公司设立工法建设机构

（1）工法开发建设机构：

由集团工法领导小组、集团科技部、各分公司工程管理部、项目部的工程技术部组成。

（2）岗位职责：

领导小组：负责工法开发建设的全面工作和经费的审批工作；

科技部：负责编制全集团工法编写计划、组织工法关键技术鉴定、组织评审企业工法、推荐省部级和国家级工法等；

分公司工程管理部：负责工法编写过程的管理，组织申报企业级工法；

项目部工程技术部：负责编写形成工法文本。

集团制定了《广西大业建设集团公司工法建设管理办法》，办法明确工法的编写原则、编写内容，工法编写、申报、评审的条件和程序，责任的落实，被确认为企业级、省部级、国家级工法的奖励办法等。

2. 择优选题，确保工法的先进性和适用性

工法的选题应体现当前行业的先进施工技术水平，其应用可以提高工效、降低成本，为企业和业主创造更好的经济效益和社会效益。

例如：《聚丙烯纤维混凝土现浇楼（屋）面结构抗裂防渗施工工法》的选题过程。

（1）成立区级工法开发小组

主要成员：集团公司副总经理、总工、科技部长、工程部长、项目部经理、项目部技术负责人。

（2）调查研究：了解到纤维混凝土技术的抗裂防渗效果很好，也是建设部大力推广的混凝土防裂技术，广西区内还较少有企业编写其施工工法。

（3）确定以南宁市荣宝华商城工程作为开发区级工法的应用工程，应用纤维混凝土技术，确定工法的题目为《聚丙烯纤维混凝土现浇楼（屋）面结构抗裂防渗施工工法》。

（4）同样做抗裂和防渗防水屋面（常规的做法是加防水膨胀剂），该工法是在别人基础上作了一些改进和创新，即在商品混凝土中掺入聚丙烯抗裂纤维，浇筑时合理控制坍落度，采用结构连续浇筑不设施工缝和干湿料二次搅拌、混凝土二次振捣、收面作业适当加强、注重后期保湿养护等措施，从而较好地解决了现浇钢筋混凝土楼、屋面等结构裂缝和渗漏的难题。与传统的抗裂防渗屋面做法相比，它具有构造简化、施工速度快、造价经济合理等优点，体现了一定的先进性和适用性。

3. 重视图纸会审，发现工法的新亮点

通过工程图纸的预审与会审可以发现并及时找到可以用于编制工法的目标、方向或新技术、新工艺等。

案例1：广西大业建设集团承建的广西水产畜牧局广西动物安全保障中心工程，图纸会审时发现编制工法的目标、方向和亮点。

（1）广西动物安全保障中心工程一层大堂部位为了营造高大空间，采用大跨度、大截面高位梁。在图纸会审时，监理、设计等提出了大跨度、大截面高位梁的支模高度高，钢筋绑扎、混凝土浇筑难度大，易开裂，工期长、技术、安全要求高等问题。

（2）大业建设公司进行专题研究作出了解决该难题的专题技术方案，获得了甲方、监理、设计等的一致同意和好评，并作为会审记录的组成部分内容。方案用于实际施工，效果良好。施工企业也以此技术方案为基础确定了2011年申报广西区级工法的目标和方向，并以此总结形成了该工法的亮点和施工操作要点。工法命题为《大跨度、大截面高位钢筋混凝土梁施工工法》。

案例2：南宁市荣宝华商城工程图纸会审时，甲方提出希望能提高地下室和大跨度无缝屋面结构的防水等级和抗裂性能，经讨论，决定在商品混凝土双掺粉煤灰，早强缓凝剂的基础上再掺聚丙烯纤维，利用纤维抑制了塑性期混凝土表面和内部裂缝的产生和发展，通过湿养护水化产物不断生成，起到防止开裂作用，实践证明这一新工艺大大提高了混凝土的抗渗性及耐久性。这一新技术工艺被引入《聚丙烯纤维混凝土现浇楼（屋）面结构抗裂防渗施工工法》当中。

4. 加强资料收集，为工法编制打基础

明确工法课题项目后就必须有针对性地收集相关资料，如施工详图、说明、产品样本、施工工艺、质量标准、安全要求、价格、供料定额等。如缺少相关资料，应注意在施工过程中收集总结。

《聚丙烯纤维混凝土现浇楼（屋）面结构抗裂防渗施工工法》开发阶段，工法小组为编制工法调研和收集的相关资料。

（1）明确工法课题项目后，开发小组马上着手收集与纤维混凝土有关的资料，如聚丙烯抗裂纤维的性能特点、作用原理；纤维混凝土的抗裂机理、质量要求；聚丙烯纤维的市场价格调查；纤维混凝土与普通防水混凝土的成本测算及经济性比较。

（2）进行纤维混凝土与素混凝土抗裂对比试验并收集数据；进行纤维混凝土的施工技术和工艺的查询和研究；对已有的类似工程的调查研究。

5. 精心编写施工技术方案，提炼形成工法的核心

工艺流程与操作要点是施工工法中的核心内容，也是要求必须详细说明清楚的重要环节。其源于相关工程的施工技术方案并高于技术方案，编写时可从技术方案中归纳总结和提炼。因此工法相关工程在制定技术方案时要严格按照要求完成并经得起推敲和实践检验，而不能只是为了应付检查做的表面光

资料。

《聚丙烯纤维混凝土现浇楼（屋）面结构抗裂防渗施工工法》从技术方案中提炼形成工法的核心。

（1）工法的开发围绕着南宁市荣宝华商城工程进行，根据图纸会审要求，严格按要求编写了《南宁市荣宝华商城地下室、屋面聚丙烯抗裂纤维混凝土设计施工技术方案》，经过工程实践检验，方案可行，效益显著。

（2）工法编写时，在该方案的基础上进行总结提炼，形成了本工法的核心——施工工艺流程和操作要点。

6. 注重技术交底，确保工法数据反映实际

将施工方案进行技术交底，能让具体施工操作人员详细了解掌握工艺及施工过程的操作与实施，始终严格按施工方案要求进行操作，这样可以防止施工出现差错和走样，得出的数据和结论真实反映具体实际。

《聚丙烯纤维混凝土现浇楼（屋）面结构抗裂防渗施工工法》开发和施工阶段重视技术交底。

（1）荣宝华商城工程地下室和屋面聚丙烯抗裂纤维混凝土施工时，工法开发小组按照《南宁市荣宝华商城地下室、屋面聚丙烯抗裂纤维混凝土设计施工技术方案》向施工员，施工员向工人进行了层层技术交底，使他们明确了纤维混凝土的施工流程、施工操作要点和注意事项。

（2）施工中严格按照要求操作，成品反映了实际真实结果，结果不走样。

（3）开发小组成员同步采集和收集第一手数据和资料，收集到的各种数据也是真实有效的，确保编制出的工法源于实际工程，工法的实际工程应用也不再是空中楼阁。

7. 加强过程跟踪，确保工法资料齐全、全面、真实

工法跟踪工程的每项施工过程都应该进行跟踪记录，记录具体施工操作方法、人员、材料、机具等工法所需要的资料数据，特别是一些新技术，更应该加强跟踪，并通过现场跟踪记

录为编写新规程、补充定额等积累素材和依据。跟踪可采用拍照、录像、录音等方式，加强跟踪记录的真实性与全面性。

《聚丙烯纤维混凝土现浇楼（屋）面结构抗裂防渗施工工法》开发阶段，工法小组全程跟踪到位。

（1）为配合工法的编写，荣宝华商城工程从施工准备阶段、施工阶段、竣工验收阶段，工法小组都派专人采用拍照、录像、录音等方式进行工程的跟踪记录。

（2）现场记录了屋面施工，聚丙烯纤维混凝土的配制、搅拌、运输、浇筑、养护全过程；收集了操作所需要的材料、机具、人员的资料数据等，为编写工法提供了全面和翔实的现场一手资料。

8. 及时处理出现问题，确保工法成果正确和科学

在施工过程中往往由于建设方的变更或材料、机械发生变化等原因，或施工过程出现问题，需要及时解决，这就需要按照设计变更或洽谈协商的要求办理好相关手续，做好记录。必要时，可能要重新编写施工技术方案，调整人员、材料、机械等，使施工工法的编写发生变化。

《聚丙烯纤维混凝土现浇楼（屋）面结构抗裂防渗施工工法》的开发阶段，工法小组处理解决出现的问题。

（1）荣宝华商城工程地下室和屋面聚丙烯抗裂纤维混凝土施工阶段，工法小组都派专人进行跟踪记录、检测、反馈问题、处理整改。

（2）刚开始施工，采用的材料为普通聚丙烯纤维，规格和掺量随意，按普通混凝土施工方法操作，结果出现了纤维分散性不好容易结团、混凝土稠度增加不易密实等问题，最终导致抗裂效果大打折扣。

（3）情况反馈上来，工法小组通过查找资料做对比试验，最终修改了施工方案，采用分散性好的格雷斯聚丙烯纤维（规格19mm，掺量0.9kg/m^3），并派专人到商品混凝土供应厂进行投料，施工时适当延长搅拌时间和振捣时间（与普通混凝土相

比），最终保证了纤维混凝土的质量并使其具有优越的抗裂性。

9. 及时整理记录归档，确保工法原始支撑资料齐全，有说服力

将施工过程中及施工结束后形成的资料包括竣工后产生的效益、效果等以文字、图片或录像记录下来并及时整理归档，这些都是编制和整理工法的重要的原始支撑材料。

《聚丙烯纤维混凝土现浇楼（屋）面结构抗裂防渗施工工法》开发阶段，工法小组重视资料收集和整理形成档案记录。

荣宝华商城工程无论在施工阶段还是竣工验收阶段后，工法小组都能及时将收集到现场的第一手资料进行整理、比较、归类形成各种文字、图片、视频材料作为编写本工法的原始支撑材料。这些原始记录材料使得编制出的本工法有依据和有说服力。这也是本工法上报评审获批的重要支撑材料。

10. 进行效益分析，确保工法经济和社会效益显著，推广前景广阔。

这是突出施工工法特点作用说服力的关键。可以通过成本分析来测算该工法的技术经济效益、生态环保效益及社会效益。

《聚丙烯纤维混凝土现浇楼（屋）面结构抗裂防渗施工工法》开发阶段，工法小组重视效益比较分析。下面是工法应用工程的效益分析。

（1）本工法应用工程，在施工过程中的聚丙烯纤维混凝土试件委托有资质的建筑材料测试中心进行检验，与普通混凝土对比结果见表7-1。

C30聚丙烯纤维混凝土和普通混凝土力学性能对比表　表7-1

性　　能	普通混凝土	聚丙烯纤维混凝土
28d抗压强度	38.7MPa	39.5MPa
28d抗折强度	5.25MPa	5.49MPa
28d劈裂抗拉强度	3.84MPa	4.61MPa
抗渗性能（渗水高度）	6.42cm	1.98cm

由表7-1可看出，聚丙烯纤维混凝土的抗压强度与普通混凝土相差无几，但抗拉强度明显提高20%，抗渗性能也大大提高，证明聚丙烯纤维混凝土能较大幅度地提高混凝土的抗渗、抗裂性能，极大地满足设计和施工需求。

（2）该工程如采用普通抗渗混凝土，对原材料中的水泥、膨胀剂和外加剂要求很高，成本也相应提高。若用聚丙烯纤维提高混凝土性能，则单方材料费用可以大大减少，详见表7-2。

经济效益分析表 **表7-2**

材料名称	42.5级水泥	膨胀剂UEA-D	外加剂CSP-2	聚丙烯纤维	合计
原用量（kg/m^3）	350	31	9	0	
采用新技术后用量（kg/m^3）	315	0	7.8	0.9	
减少用量（kg/m^3）	35	31	1.2	-0.9	
材料单价（元/kg）	0.390	0.60	3.80	28.00	
减少费用（元/m^3）	13.65	18.60	4.56	-25.2	11.61

11. 编写成文，形成工法初始文稿

按照施工工法编写的十一项内容要求，形成工法文本初始文稿，系统地说明该施工工法。

12. 工程核验修改，形成工法正式文本

施工工法既要求来源于工程实践，又必须经过几项工程的检验，才能成为技术成熟可靠、标准统一规范、经济效益合理的技术经济文件。所以，将成文的施工工法再拿到相类似的工程中去检验，一来发挥它的作用，二来可以通过新的工程来检验所编写内容的合理性、可靠性，进而再充实完善，使之尽善尽美。区级以上工法必须有不少于两项工程应用示例的规定要求。

《聚丙烯纤维混凝土现浇楼（屋）面结构抗裂防渗施工工

法》的工程检验和应用。

(1) 区级工法《聚丙烯纤维混凝土现浇楼（屋）面结构抗裂防渗施工工法》文稿编写出来，大业公司没有马上申报，而是本着求实的态度将工法再次用于其他类似工程，如邕宁县机关工作人员住宅小区2号标、3号标等工程中应用。

(2) 施工中严格按工法要求认真细心操作，经多个工程的应用，进一步检验了该工法的先进性、合理性、可靠性、可操作性以及经济和社会效益，而且在工程的实践中进一步修改补充和完善了这个工法的初始文本，以形成工法的正式文本。

13. 企业评定

经过工程核验并充实完善的施工工法，应由企业分管施工生产的副经理或总工程师负责组织企业内部评定。参加人员除工法编写实施人员外，并可邀请业内行家来评定其优点、特点，形成企业级工法。

14. 组织申报

企业可以根据国家级、省级工法申报的规定要求，在企业级工法中择优申报省级工法，在省级工法中择优申报国家级工法。

《聚丙烯纤维混凝土现浇楼（屋）面结构抗裂防渗施工工法》的评定和申报也是严格按照这个程序进行的，先是在集团内部评定为本集团企业级工法，并经过公司工法领导小组和科技部的严格审核一致同意推荐申报区级工法，该工法经过近两年的开发、编制、审核、申报工作，最终获批为2009年区级施工工法。

7.12.3 建筑企业开发施工工法应避免的十个误区

1. 误区一：工法与技术总结混淆

工法是以工程为对象、工艺为核心，运用系统工程原理，把先进技术与科学管理结合起来，经过工程实践形成综合配套技术的应用方法。由于工法具有技术先进、提高工效、降低成本、保证工程质量、加快施工进度、保证施工安全等特点，经过专家评审可分为国家级工法、省级工法、企业级工法。因此，工法又具有一定的权威性、实用性、适用性。

技术总结是企业对项目施工技术和技术管理成功与失败的经验总结，是一种编写形式多样化的文件。它主要针对工程实例中某项技术设计、材料应用、工艺改进、质量整改等问题进行归纳，作为企业自身施工管理经验的积累和交流。因此，技术总结对外只具有一定的参考性和借鉴性。所以，工法是技术总结（成功经验的技术总结）的提炼和精华，它必须按照国家有关技术规范的格式编制。

2. 误区二：选题不具时效性

工法要反映企业施工技术水平的先进性，使其科技成果具有推广意义，了解自身企业目前掌握的施工技术在同行业中的先进程度是十分重要的。已在各施工企业中广泛应用的成熟技术不是一个好的工法编制选题，因此，工法编制选题应具有时效性。

3. 误区三：前言冗长，不精练

工法的前言是概述工法的形成过程和关键技术的鉴定及获奖情况。因此，前言用语要准确规范，文字要言简意赅，切忌词语冗长，更不能将工程概况写入前言。

4. 误区四：此特点非彼特点

工法内容的第二条“特点”是指本工法在使用功能或施工方法上的特点。换句话说，采用本工法施工较以往传统施工方法上的优点。不能将工法中涉及的材料、构件的特性理解为工法的特点，更不能理解为要向大家介绍本工法的写作特点。

5. 误区五：工艺原理不明确

工艺原理是说明本工法工艺核心部分的原理。通过工法中涉及的材料、构件的物理性能和化学性能，说明本工法技术先进性的真正成因。

6. 误区六：工艺流程与操作要点不对应

工艺流程是施工操作的顺序，在工法编制中用网络图表示。

因此，操作要点一定要对应网络图中施工顺序进行详细地阐释。网络图中规划的施工步骤，在操作要点中不能没有解释，也不能把操作要点中需要说明的问题在网络图中没有反映。

7. 误区七：材料说明不全面

为保证工法具有广泛的适用性，工法中涉及的有关“材料”的指标数据一定要严谨、准确。在介绍工法“材料”内容时，除介绍本工法使用新型材料的规格、主要技术指标、外观要求等，还应注明材料来源的生产厂家。因为不同厂家生产出的同类材料在规格、性能上可能有细微差别。实例应用中，材料的准备、配合比、用量会有细小的调整。此外，还应强调该材料在操作要点中起到的作用，以证明该材料在工法技术实现中是必不可少的。

8. 误区八：质量要求不明确

有些工法的质量要求可依据现行国家、地区、行业的标准、规范规定执行，有些工法由于采用的是新技术、新材料、新工艺，在国家现行的标准、规范中未规定质量要求，因此在这类工法中质量要求应注明依据的是国际通用标准、国外标准，还是某科研机构、某生产厂家的试行标准，使工法应用单位明确本工法的质量要求，使质量控制有参照依据。

9. 误区九：效益分析的片面性

工法之所以要推广是因为它的技术先进，有可观的经济效益和社会效益。然而，在工法的效益分析中，人们往往只注意成本效益的分析而忽略了工期效益、质量效益的分析。其实，有些工法要推广的技术前期成本投入并不低，然而它带来的工期效益、质量效益、安全效益、环保效益等综合效益却很高。因此，我们不能认为前期成本投入高的工法就不是一篇好工法，更不能认为这类高技术含量的工法在效益分析上没有可比性，这样会走入效益分析片面性的误区。

10. 误区十：书面文字是工法表达的唯一方式

随着数字化的发展，工法编制工作也进入了新的阶段，传统的书面文字、表格、图片已不是工法表达的唯一方式。运用声像技术、多媒体技术、声像文字混合技术可以提高工法的表达效果，使其更直观、更真实、更易懂。

7.13　我国施工工法建设任重道远、前景光明

二十多年来，原建设部、中国建筑业协会先后组织了10次国家级工法评审工作。随着工法管理工作的不断推进，施工企业的重视和认识程度逐年提高，申报数量和入选国家级工法的数量也逐年增多。1997～1998年度，全国共申报工法111项，62项通过评审。2007～2008年度，全国申报工法已达1694项，360项入选国家级工法，其中，108项为国家一级工法、252项为国家二级工法；57项为国家一级工法升级版。特别是原建设部颁布《施工总承包企业特级资质标准》中对企业技术进步与管理创新提出具体的量化要求后，大多数企业都建立了工法管理制度，已形成了一整套工法开发、编写和应用的产、学、研相结合的框架体系，为提高企业技术创新能力，促进企业科技成果转化为现实生产力奠定了坚实基础。近几年来，工法的推广和应用极大地提升了我国施工技术管理水平和工程质量，为企业带来了明显的经济和社会效益。

在我国，国家级工法申报工作在南方的一些省、市走在了全国的前列。中、西部地区有些省份是2007年才刚刚正式开始此项工作的，不论从国家级工法申报的数量还是内涵质量，与南方一些省、市相比，还有一定的差距。

工法的实施进一步推动了企业的科技创新能力，同时也提升了企业的生产能力，推动了企业的经营开发。

中铁四局拥有一支包括700余名高级专业技术人员（其中30名专家享受国家、部、省特殊津贴）的科技研究和开发队伍，形成科技工作管理网络。同时不断加大技术开发资金的投入，开发工法132项，获省部级工法50项，其中“无站台柱雨棚钢

管桁架结构施工工法”、“滩涂海域区承台装配式钢筋混凝土底板钢套箱围堰施工工法”等9项工法获国家级工法。

安徽建工集团公司也非常重视工法的培育、总结和推广工作。20世纪80~90年代，他们在省内率先开展工法工作，形成了一大批优秀的施工工法。如《预应力混凝土球形水塔施工工法》采用国内预应力机具设备、锚具及预应力成套技术，成功地解决了三个不同高度的2500m^3球形水塔施工技术难题，《明矾石膨胀剂补偿收缩混凝土工法》的核心技术获得安徽省科技进步二等奖，1990年批准为安徽省地方标准；《钢筋混凝土小口径烟囱无井架液压滑模工法》核心工艺获得1989年安徽省科学技术委员会重大成果奖和安徽省科技进步三等奖。该集团公司拥有企业工法52项、省级工法35项，国家级工法1项。

上海建工集团公司参与国家级行业规范编制工作，其中在建筑施工工法认定方面取得的成效最为突出。具有电力行业工法10项，上海市级工法7项，国家级工法3项。

我国施工企业在长期的工程实践中，积累了丰富的经验，但是企业也存在着短期行为，重经营、轻技术、轻管理，追求眼前利益的现象。工程任务完成了，总结却写不出来；施工企业的工程经验很丰富，却很难写出几份像样的材料；工程结束了，人也就散了，下一次碰到类似的问题又得从头开始。要改变建筑行业在人们心目中科技含量较低、产业创新能力不高的印象，重视施工过程新技术的发展、研究施工方法的创新，是关键的一点。要在全国施工企业中建立工法制度，以调动广大职工研究开发、推广新技术的积极性，逐步形成施工企业特有的技术管理新机制，推动企业的技术进步。

随着工法制度的深入开展，相信我国施工企业科技创新的能力会进一步提高，用“工法建设”打造企业核心竞争力必将得以实现。我国施工工法建设任重道远、前景光明。

7.14 “在别人基础上求变革”——聚丙烯纤维混凝土现浇楼（屋）面结构抗裂防渗施工工法创新回眸

2009年之前，广西大业建设集团只拥有6项企业级工法，2009年6月，大业建设集团开始有了1项工法获得广西自治区区级工法，那就是《聚丙烯纤维混凝土现浇楼（屋）面结构抗裂防渗施工工法》。这开创了大业建设集团工法建设的先河，从此掀起了大业建设集团申报区级、国家级工法的新高潮。工法是建筑行业某项施工工艺的行业标准，是建筑施工企业技术水平和施工能力的重要标志，一个拥有多项企业级、省级、国家级工法的施工企业，所见证的不仅仅是拥有国内先进、省内领先水平的工法荣誉，更多的是体现了一个施工企业科技实力和市场竞争力。回眸大业建设集团第一个区级工法创新之路，其实就是一步步的“在别人基础上求变革”之路。

工法是建筑企业经过工程施工实践形成的关键技术或工艺及标准。大业建设集团第一项区级工法的获得同样来自实践。

随着我国建筑业快速发展，对建筑屋面抗裂防渗的要求越来越高。传统的现浇混凝土屋面由于受材质和施工工艺等条件的制约，很难长久维持屋面抗裂防渗性能。因而如何应用新工艺、新材料和新技术达到延长现浇混凝土屋面的耐用性和使用寿命，是多年来建筑业广大科技人员努力探讨的课题之一。为了寻找现浇混凝土屋面使用时易开裂渗漏的原因，同时总结施工效果好的抗裂防渗屋面的工艺和材料应用方法，大业建设集团公司成立专门课题小组对以往工程施工屋面进行了排查摸底，在此基础上对屋面抗裂防渗新方法进行实践探索。课题组通过不断完善《聚丙烯纤维混凝土现浇楼（屋）面设计方案》和

《聚丙烯纤维现浇混凝土楼（屋）面抗裂防渗施工方案》，并对近二十个工程屋面进行实际使用，结果取得了明显成效，受到了用户的好评。2008 年 5 月，大业建设集团经过近两年实践形成的《聚丙烯纤维混凝土现浇楼（屋）面结构抗裂防渗施工工法》，通过了集团组织的专家鉴定委员会的鉴定，同意申报自治区级施工工法，2009 年，该项工法被评为广西自治区级工法。

回顾这项工法创新过程，就是在别人的基础上，做了扩展和变革，随后创新出一些新的东西。同样做抗裂和防渗防水屋面（常规的做法是加防水膨胀剂、提高板的配筋、适当增加板厚等措施），我们是在别人基础上作了一些改进和创新，即在商品混凝土已双掺粉煤灰、早强缓凝剂的基础上掺入聚丙烯抗裂纤维，浇筑时合理控制坍落度，采用结构连续浇筑不设施工缝和干湿料二次搅拌、混凝土二次振捣、收面作业适当加强、注重后期保湿养护等措施，从而较好地解决了现浇钢筋混凝土楼、屋面等结构裂缝和渗漏的难题。与传统的抗裂防渗屋面做法相比，它具有构造简化、施工速度快、造价经济合理等优点，体现了一定的先进性。榜样的力量是无穷的，这一成果的获得对大业公司工程技术人员以后创新工法起到了积极的促进作用。

7.15 聚丙烯纤维混凝土现浇楼（屋）面结构抗裂防渗施工工法文本

聚丙烯纤维混凝土现浇楼(屋)面结构抗裂防渗施工工法

广西大业建设集团有限公司

马南湘　李寿坤　覃东　沈全振　陈邦

1 前言

我国目前正进行着大规模基础建设，但是有许多混凝土楼、屋面结构，在建期间或建成后出现可见裂缝，影响外观质量，影响在侵蚀环境中运行结构的耐久性，还使一些结构的使用功能受到影响，暴露出较严重的耐久性问题，寿命低于设计寿命标准。现浇混凝土楼、屋面板等结构的开裂、渗漏问题已成为影响建筑物使用耐久性的严重问题之一，并成为工程质量投诉的热点问题。聚丙烯纤维对混凝土早期和中、长期裂缝有很好的抑制作用，对混凝土抗裂性能的提高有较大的贡献，聚丙烯纤维还能有效改善混凝土的抗渗性能。本工法根据本公司承担的南宁市荣宝华商城等工程的聚丙烯纤维现浇钢筋混凝土楼、屋面结构抗裂防渗工程实践，总结出一套较好避免楼、屋面结构渗漏和开裂现象发生的施工技术。该工法在公司的有关项目施工中得到了成功应用，具有明显的经济效益和社会效益，为此编制工法，予以推广应用。

2 工法特点

2.0.1 本工法根据钢筋混凝土材料特点，采用在商品混凝土已双掺粉煤灰、早强缓凝剂的基础上掺入聚丙烯抗裂纤维，结合结构设计、采用先进施工工艺和技术措施，综合整套施工技术，较好地解决了现浇钢筋混凝土楼、屋面等结构裂缝和渗漏的难题。通过本工法应用工程的试验，证明在混凝土中掺入一定比例的聚丙烯纤维，可以明显改善混凝土的抗渗性能。当纤维掺量为0.5~1.3kg/m^3时，混凝土抗拉强度比基准混凝土提高12%~20%，极限拉伸应变提高37%~49%，而且掺入的比例越高，抗渗性能改善越明显，证明聚丙烯纤维混凝土是较经济的自防水刚性混凝土。

2.0.2 针对现浇钢筋混凝土楼（屋）面结构较长、较宽，不允许有渗漏水和裂缝的要求，合理控制坍落度，采用结构连续浇筑不设施工缝、干湿料二次搅拌、混凝土二次振捣，收面作业适当加强和塑料薄膜覆盖浇水养护不少于14d等施工技术综合处理。

2.0.3 工艺环节虽多但工艺较简单，易掌握，兼顾成本及长短期效益，施工配制便易，经济效益明显，容易推广。

3 适用范围

本工法适用于工业与民用建筑钢筋混凝土现浇抗裂防渗地下、地上结构，如，现浇楼板和屋面板、结构转换层、外墙、地下室墙板、露天游泳池、水池等。

4 工艺原理

4.1 聚丙烯纤维作用原理：

(1) 纤维在混凝土内呈现三维空间网络结构，抑制了塑性期混凝土表面和内部裂缝的产生和发展。同普通混凝土相比，楼、屋面板通过掺入聚丙烯纤维，可以显著减少塑性裂缝和早期干缩裂缝，抑制硬化过程中多余水分形成的孔隙，有效地抑制混凝土收缩，其混凝土抗裂能力在混凝土硬化阶段可提高50% ~70%，从而增强大跨度混凝土结构的抗渗性能，使混凝土耐久性能大幅提高。

(2) 硬化的混凝土由于干燥收缩、温度收缩及碳化收缩的存在，常会引起内部产生各种收缩应力（拉应力），在混凝土中掺入化学短纤维，可有效降低裂缝尖端的应力集中，从而抑制裂缝的进一步发展。

(3) 混凝土中掺入化学短纤维，可使混凝土的裂缝被明显细化，混凝土的漏水量与细分后的裂缝根数（裂缝根数/m^2）成反比，混凝土中由于纤维的存在，由于裂缝的细化，混凝土内均匀散布的短纤维起到了阻断混凝土内裂缝毛细作用的效果，抗渗性能显著提高。纤维对混凝土抗渗性能的改善是全过程的，其长期抗渗防水效果更佳。

(4) 聚丙烯纤维具有良好的化学稳定性，可以与任何化学外加剂任意匹配，不需要改变原有的混凝土配合比。掺入纤维不影响混凝土的化学性质，且有利于防止混凝土的碱—骨料反应的产生，较其他改善混凝土抗渗性能的方法所要求的使用条件和施工条件更宽松、使用过程更安全、更可靠

4.2 双掺材料作用原理：

在商品混凝土双掺粉煤灰、早强缓凝剂的基础上再掺聚丙

烯纤维，利用纤维抑制了塑性期混凝土表面和内部裂缝的产生和发展，起到防止开裂作用，提高了混凝土的抗渗性及耐久性。

4.3 施工技术控制原理：

(1) 施工时的钢筋布置合理，绑扎质量好，能起到约束混凝土的塑性变形，分担混凝土的内应力，抑制裂缝扩展，减少裂缝宽度的作用。

(2) 根据结构体积和形状，设置足够强度、刚度的混凝土模板支撑和模板。

(3) 采用不设施工缝的连续浇筑混凝土的施工方案。

(4) 混凝土浇捣后，对混凝土结构采取保湿养护，确保水化产物的不断生成，使混凝土结构致密。

5 施工工艺流程及操作要点

5.1 聚丙烯纤维混凝土干湿二次搅拌工艺流程（见图5-1）。

5.2 聚丙烯纤维钢筋混凝土现浇楼、屋面板结构施工流程（见图5-2）。

5.3 施工操作要点：

5.3.1 施工前准备工作

(1) 熟悉合同文件、有关图纸、改性聚丙烯纤维和商品混凝土的技术资料，以及商品混凝土的质量标准。

(2) 选择资质较高、信誉较好的商品混凝土供应商和改性聚丙烯纤维供应商，考察其质保体系及施工业绩等，并对搅拌站的材料、设备情况、生产能力作全面考察与监督。事先计算出聚丙烯纤维等材料的总用量，与相应的供应商做好订购计划，审核《商品混凝土专项供应方案》，计算好每次浇筑的混凝土工程量，并提前2d通知建设单位、监理单位、混凝土供应商。

(3) 复核测量定位。

(4) 混凝土浇捣前施工单位必须对商品混凝土运输、泵送设备和数量及布置等作出施工方案，经有关领导审批后，才能

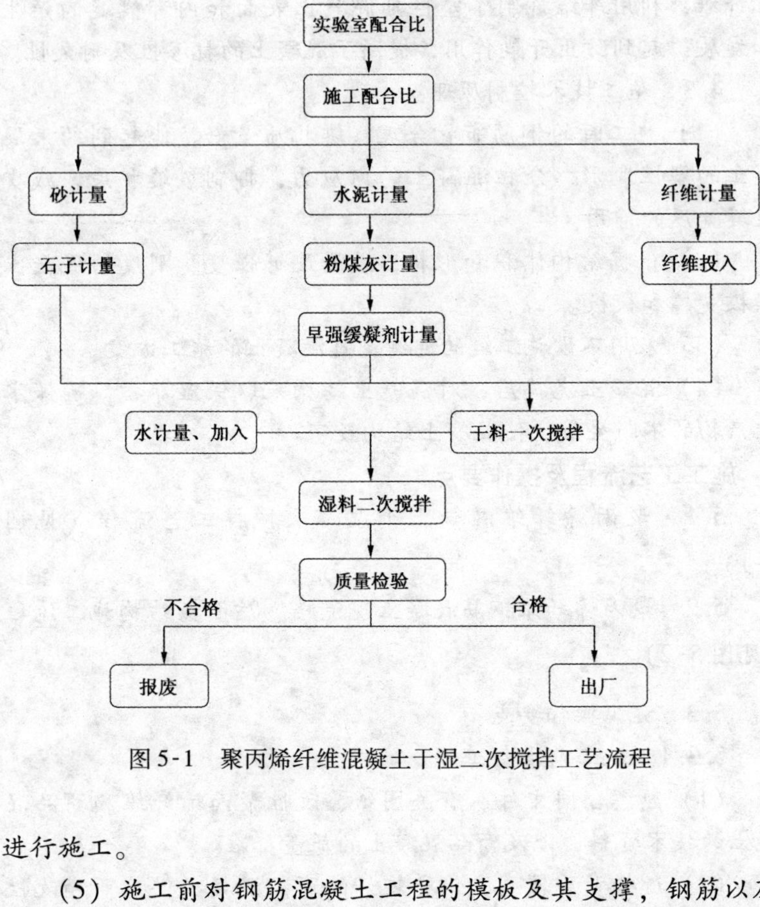

图 5-1　聚丙烯纤维混凝土干湿二次搅拌工艺流程

进行施工。

(5) 施工前对钢筋混凝土工程的模板及其支撑，钢筋以及混凝土浇捣及其养护方案必须编制施工组织设计，并进行必要的计算，经批准后予以实施。

(6) 认真布设结构的沉降观察点，特别是荷载差异较大处，做好沉降观察的前次和加载后（混凝土浇捣后）的观察记录，竣工后一段时间的记录，由此对结构沉降信息及时掌握，防止结构裂缝产生。

(7) 组织好浇捣人员及时到位，检查振捣器、升降机、泵送机械、发电机等是否运转良好，做好养护前的准备工作，如

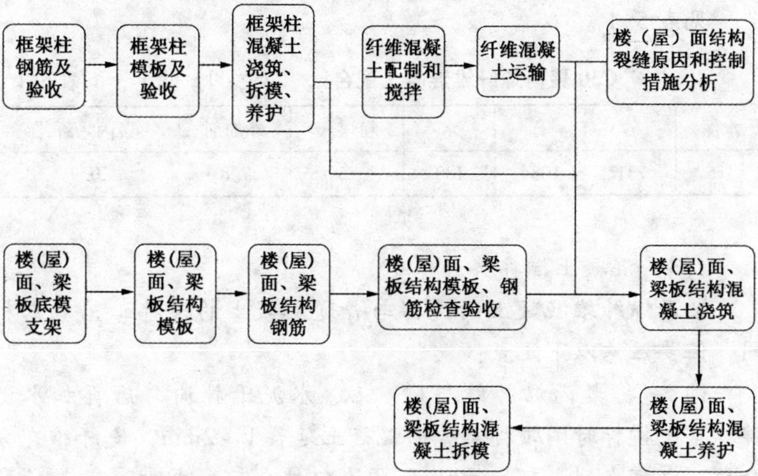

图5-2　聚丙烯纤维混凝土楼、屋面结构施工流程图

准备充足的塑料薄膜、养护用水管等。

（8）对班组做好新工艺施工培训工作，并逐级进行技术交底、安全交底。

5.3.2　施工操作要点

以本工法应用工程广西南宁荣宝华商城工程为例。

1. 聚丙烯纤维混凝土配制、搅拌、运输

（1）本工程屋面C30混凝土原材料的选用

1）水泥：广西古庙牌42.5R水泥；

2）砂：中砂，M_x=2.7，含泥量≤1.7%；

3）石：为粒级16～31.5mm连续级配的碎石，含泥量≤0.4%，针片状含量≤7.1%，压碎指标≤9.4%；

4）粉煤灰：Ⅱ级，掺量24%；

5）外加剂：CSP-2，掺量2%；

6）纤维：格雷斯-19mm聚丙烯纤维，密度为0.91g/cm^3，抗拉强度≥500MPa，长度19mm，掺量为0.9kg/m^3。

（2）本工程的屋面纤维混凝土配合比

见表5-1

C30聚丙烯纤维混凝土配合比（单位：kg/m^3） 表5-1

水泥	砂	石	水	粉煤灰	外加剂	聚丙烯纤维
315	731	1084	180	75	7.8	0.9

（3）混凝土搅拌

聚丙烯纤维混凝土的搅拌与普通混凝土的搅拌工艺基本相同，但要注意以下几点：

1）先将聚丙烯纤维与砂、石、水泥干拌均匀后再加水湿拌，整个搅拌时间较拌制普通混凝土延长1～2min，使纤维充分分散。也可在砂、石、水泥和水均匀拌合后，再加入定量的聚丙烯纤维进行搅拌，搅拌时间的长短应以纤维能在混凝土中均匀分布为准，一般为3～5min。

2）混凝土配置必须按照配合比要求正确计量每次加入纤维的重量。

3）搅拌完成后随机取样，如纤维已均匀分散成单丝，则混凝土可投入使用，如果仍有成束纤维，则延长搅拌时间20～30s，即可使用。

（4）混凝土运输

1）以距离求近的原则合理选择商品混凝土搅拌站，合理安排运输路线，确保混凝土供应的连续性，保障混凝土浇筑的连续性，不出现施工冷缝。

2）搅拌站到施工浇筑段运输时间不宜超过60min，运输过程中搅拌车的搅拌筒应保持3～6r/min的转速持续转动，确保聚丙烯纤维混凝土拌合物保持均匀，不离析、不分层状态，搅拌车到达施工现场后应加大自转25s左右再进行浇筑。

3）严格控制运输过程中聚丙烯纤维混凝土的停放时间，停放时间不应超过1h，否则聚丙烯纤维宜在混凝土运至工地后再由专人按配合比设计规定添加。

4）输送过程中严禁司机、施工人员随意加水以调节聚丙烯纤维混凝土的和易性，否则会严重影响混凝土的质量。

5）聚丙烯纤维混凝土到达施工现场后应按规定进行坍落度检测，检测合格后才可卸料浇筑，现场试验员同时进行混凝土试件的留置。

2. 楼（屋）面、梁板结构模板体系安装

本工程采用 ϕ48 ×3.5mm 扣件式钢管支撑系统。

（1）支模方案的编制：根据梁板截面尺寸、支模高度进行荷载计算，确定钢管立杆的排设间距，若编制超高支模专项施工方案，须按相关要求提请专家论证合格后才能搭设。

（2）支撑体系的设计：梁模板支架采用垂直于梁轴线的布置方式，板模板支架采用平行于板短向而布置。由于本工程梁截面比较统一，故支撑立杆间距统一采用 900mm（横向）×900mm（纵向），基本布置如图 5-3 所示。

（3）模板体系的设计：梁底次龙骨采用 80mm ×80mm 木方@200mm，主龙骨采用 ϕ48 ×3.5mm 双钢管；梁侧模内龙骨采用 80mm ×80mm 木方，间距 400mm，梁侧模竖向设置 3 道 ϕ14 对拉螺栓，纵向间距为 400mm，外龙骨采用 ϕ48 ×3.5mm 的双钢管；板底主次龙骨均采用 80mm ×80mm 木方，间距 400mm。

3. 楼（屋）面、梁板结构钢筋安装

同普通钢筋混凝土楼、屋面结构钢筋工程。

4. 聚丙烯纤维混凝土浇筑及养护

（1）纤维混凝土与普通混凝土相比黏稠度大，表现在插入式振捣器振捣时的穴坑复平时间较长，收面要适当加强。为保证顺利振捣和收面，坍落度必须控制在适宜范围内。纤维混凝土坍落度还会随时间而减少，因此尽可能缩短混凝土出机到入模的时间和缩短运输时间，防止水分蒸发过多。

（2）浇筑混凝土前，应有钢筋、模板、水电预埋管的验收记录和监理单位签发的浇捣令，对第一车混凝土要进行开盘鉴定，满足设计要求后方可大面积浇筑。混凝土采用泵送混凝土法输送，由于加入了纤维，混凝土坍落度比同配合比混凝土有所降低，但绝不允许人为大量加水，浇筑确有困难时，在征得建设、监理单位同意后，可以稍微增大减水剂用量。混凝土浇筑时的自由下落高度不应超过2m，当运输到浇筑地点的混凝土出现离析现象时须二次拌合。

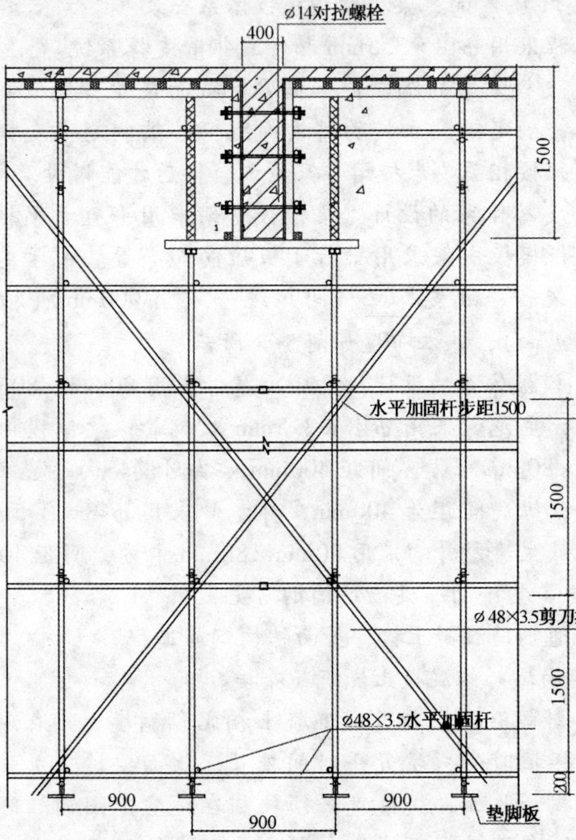

图5-3 梁模板支架

(3) 混凝土浇筑前应先将模板浇水湿润，然后开始正式浇筑混凝土。浇筑时要防止混凝土的分层离析。浇筑混凝土时应有木工、钢筋工现场值班，经常检查模板、钢筋、预埋件的情况，当发现有变形、移位时，应立即停止浇筑，并应在已浇筑的混凝土初凝前修整完好。

（4）混凝土下料不宜太快，混凝土浇捣要符合要求，一般将混凝土摊铺高出20 ~40 mm后，用插入式振动器振捣后，再用平板振动器振动密实。采用一刮、二滚、三纵、四抹的方法，确保楼面的平整度。振动棒的操作要做到“快插慢拔”，以便更有效的排出混凝土中的气体，使之更加密实；振动棒插点应均匀有序，插点间距宜为500mm左右，每点振捣时间宜为5 ~15s左右，以混凝土面不再下降，表面出现浮浆为止。

（5）在柱、梁与板变截面结构处宜分层浇筑。在纤维混凝土浇灌1 ~2h后，必须对混凝土进行二次振捣，并对纤维混凝土表面拍打振实。

（6）收浆是聚丙烯纤维混凝土很关键的施工工序，在施工过程中，应根据当时天气的冷热状况、风力大小等具体情况进行收浆，收浆过早或过晚，都有可能影响平整度或出现早期裂缝等。为保证浇灌整体平整度，在施工中应采用6m铝合金杆控制。最后一次抹面应在刚初凝，并在终凝前完成，目的是将表面裂纹全部消除。混凝土凝固前应保持表面湿润状态，防止水分蒸发。

（7）连续浇筑不设施工缝，若因意外情况不得不留施工缝时，留设位置及处理方法必须符合规范及施工图纸要求。

（8）终凝后立即用塑料薄膜覆盖养护。纤维混凝土浇水养护的时间不得少于14d，施工放样后，也必须立即浇水并覆盖养护。浇水次数应能保持混凝土始终处于湿润状态，并做好混凝土养护记录。

（9）浇筑混凝土时，按部位和浇筑日期制作与构件同条件养护的混凝土试块，为构件底模板拆除时间提供试验依据。同条件养护纤维混凝土试块强度报告达到规范要求后方可拆模，拆模时要注意对混凝土边角的保护。

（10）试块留置：按规定留置混凝土抗压强度、抗渗等级、同条件养护试块，并进行相应的试验检验。

6 材料与设备

本工法使用的混凝土是在原掺粉煤灰、早强缓凝剂的商品混凝土基础上再掺加聚丙烯纤维，而起到抗裂防渗作用的最关键材料则为聚丙烯纤维。

6.1 主要材料要求

（1）聚丙烯纤维应有厂家提供的产品合格证及检验报告，其物理性能应满足混凝土设计要求。本工法工程选用格雷斯-19mm 聚丙烯纤维，密度为 0.91g/cm^3，抗拉强度≥500MPa，长度 19mm，掺量为 0.9kg/m^3，其性能见表 6-1。

聚丙烯纤维的主要物理性能参数　　表 6-1

纤维形状	束状单丝	规　格	长度 19mm
安全性	无毒材料	表面积	228m^2/kg
纤维直径	19～35μm	纤维密度	0.91
熔点	160～180℃	弹性模量	≥3850MPa
抗裂强度	≥340MPa	断裂伸长率	≥8%
导热性	极低	抗酸碱性	极高
导电性	极低	含湿量	＜0.1%

（2）水泥：42.5R 普通硅酸盐水泥，其质量应符合国家标准《通用硅酸盐水泥》GB 175—2007 规定。

（3）细骨料：选用中砂，要求连续级配，含泥量≤1.7%，其质量应符合现行国家标准《建筑用砂》GB/T 14684—2001 的规定。

（4）粗骨料：粒径 16～31.5mm 连续级配的碎石，含泥量≤

0.4%，针片状含量≤7.1%，压碎指标≤9.4%，其质量应符合现行国家标准《建筑用卵石、碎石》GB/T 14685—2001 的规定。

(5) 掺合料：选用Ⅱ级粉煤灰，掺量24%，其质量应符合现行国家标准《粉煤灰混凝土应用技术规范》GBJ 146—90 的规定。

(6) 水：采用城市自来水，水质应符合国家现行标准《混凝土用水标准》(JGJ 63—2006) 的规定。

(7) 支撑钢管应有产品合格证，严禁使用不合格或强度不满足要求的钢管及配件。对多次周转使用的主要受力杆件应进行抽样检测，以确保构件的强度和刚度满足要求。

(8) 模板选取18mm厚双面覆面木胶板，必须具有足够的强度和刚度，要求边角整齐，表面光滑，易于脱模等性能。

(9) 对拉螺杆采用优质碳素钢加工，套管采用硬质塑料管，对拉螺杆应加工准确，采用双螺帽拧紧。

(10) 支撑架的次龙骨、主龙骨采用80mm×80mm木方，木方要求加工尺寸准确，无翘曲变形等缺陷。

6.2 聚丙烯纤维混凝土阻裂机理分析

关于纤维对水泥基材的阻裂理论有两种，一是“复合材料理论”，二是“纤维间距理论”。

关于纤维间距理论或者纤维阻裂理论的通俗解说，是当纤维均匀分布在混凝土块体之中时，可以起到阻挡块体内微裂缝发展的作用。假定混凝土块体内部存在有发生微裂缝的倾向，当任何一条微裂缝发生，并且可能向任意方向发展时，这条裂缝在最远不超过纤维混凝土块体内纤维平均中心距（s）的路程之内就会遇到横亘在它前面的一条纤维。由于这根纤维的存在，使微裂缝发展受阻，只能在混凝土块体内形成类似于无害孔洞的封闭的空腔或者内径非常细小的孔。

根据Romualdi等人的理论分析，当水泥基体中纤维的平均中心距离小于7.6mm时，纤维混凝土的抗拉强度或抗弯初裂强度均得以明显提高。

吴中伟院士指出：复合化是水泥基材料高性能化的主要途径，纤维增强是其核心。聚丙烯纤维是一种新型的混凝土增强纤维，被称为混凝土的“次要加强筋”[8]。混凝土“次要加强筋”是由大量细小聚丙烯短纤维在混凝土中处于均匀三维乱向分布，通过与水泥浆或砂浆的握裹，部分承担了混凝土内部的拉应力，起三维空间加强作用，约束混凝土基材各个方向的应力变形，达到了控制裂缝的目的。

6.3　聚丙烯纤维混凝土阻裂抗渗应具备的条件

聚丙烯纤维掺入混凝土中要有良好的阻裂抗渗效果，必须要具备以下几个基本条件：

(1) 纤维混凝土中所用的纤维必须具有足够的耐碱性，不受混凝土中碱性骨料和水泥碱性水化产物的侵蚀。

(2) 纤维混凝土中所掺加的纤维必须对人体无害。

(3) 纤维混凝土中所选用的纤维，在水泥基体中必须具有良好的自分散性，不结团，不成束。

(4) 能够使用于实际建筑工程的纤维混凝土，所掺加的纤维必须是高度商品化的产品。

(5) 纤维在混凝土中要发挥作用，必须具有比较高的抗拉强度。

(6) 纤维与水泥基体的极限延伸率相比，至少要高出一个数量级。

(7) 纤维与水泥基体的界面要具有一定的粘结强度，一般不应低于1MPa。

(8) 纤维的粗细要适度。

(9) 纤维的弹性模量要较高。

(10) 价格合理，较低的成本。

6.4　施工设备及机具

与一般钢筋混凝土楼板工程类似，本工程采用的施工设备及机具见表6-2。

施工设备及机具表　　表6-2

序号	设备名称	设备型号	单位	数量	用　途
1	混凝土输送泵	HBC100-11-161R	台	2	泵送混凝土
2	塔式起重机	QTZ5610	台	1	钢筋、模板垂直运输
3	插入式振动棒	BL50-220	支	7	混凝土振捣
4	平板式振动器	ZW-50	台	3	混凝土振捣
5	混凝土坍落度筒	规格：ϕ100mm × ϕ200mm × 300mm	只	4	混凝土坍落度测试
6	混凝土标准试模	规格：150mm × 150mm × 150mm	只	60	混凝土试件制作
7	水准仪	DSZ3 自动安平水准仪	台	3	标高定位
8	经纬仪	索佳 DT2 数字式电子经纬仪	台	2	测量放线

7　质量控制

（1）本工法材料是在原掺早强缓凝泵送剂和粉煤灰的基础上，再掺聚丙烯纤维，因此在混凝土搅拌站投料搅拌时，必须严格计量投料，保证搅拌时间，使混凝土的配料分布均匀，防止成团结块，确保纤维均匀分布。

（2）为确保聚丙烯纤维计量准确，事先将聚丙烯纤维按搅拌用量分别过秤小袋包装，搅拌时按袋投放。原材料计量、上料顺序，每一工作班至少应抽查两次。所有计量用具必须经过法定计量管理部门的鉴定并附有合格证。混凝土原材料每盘称量的偏差应符合表7-1的规定。

原材料每盘称量的允许偏差表　　表7-1

材料名称	聚丙烯纤维	水泥或掺合料	粗、细骨料	水	外加剂
允许偏差	±2%	±2%	±3%	±2%	±2%

计量控制检验方法：称重法，烘干法。

(3) 混凝土浇捣前，施工单位应根据混凝土工程实际情况，明确分工、明确岗位、明确职责，使混凝土浇捣时有条不紊，紧张有序进行施工。

(4) 模板支撑应根据主、次梁、板荷载确定模板及其支撑钢管纵横间距、整体稳定受力情况进行设计。

(5) 模板施工时，除一般质量要求外，特别是池壁墙柱模板对拉螺栓应按混凝土侧压力分布情况进行设置，以防混凝土浇捣时模板变形，并设止水片，以防渗漏。

(6) 钢筋设置严格按照设计，采用双层细钢筋，密间距要求设置，板四角宜设置辐射钢筋。

(7) 混凝土浇捣时，对坍落度应严加控制并测定，不得加水，坍落度过大的混凝土不得使用。

(8) 混凝土浇捣过程中，严格按施工方案中的浇灌流程实施，避免出现施工冷缝情况下，完成梁和板的浇捣。

(9) 混凝土浇捣时，各部分必须充分振捣，谨防由于振捣不充分，在梁板相结处产生沉缩裂缝。

(10) 本工法特别强调保湿养护，梁板外侧等不能保湿养护的区域，可采用淋水养护。拆模工作安排在湿养护完成后进行，并根据规范要求，满足混凝土强度和以跨度决定的拆模时间。

8 安全措施

(1) 对搅拌工人进行安全教育：不要让纤维进入眼睛，施工中不宜从高空抛撒，一旦进入眼睛，千万不能揉眼，要翻开眼睑用大量清水冲洗后就医。

(2) 混凝土施工机械操作人员须经专门培训，持证上岗。

(3) 使用振动器的作业人员，应穿胶底鞋、戴绝缘手套。振动器设有漏电保护器。

(4) 设专人随时检查架子及模板稳定情况，发现问题应及时汇报并处理。

(5) 浇筑平台应满铺架板，四周搭设防护栏杆。架子上严禁放置活动钢管，架板铺设应稳固，不得出现探头板现象，保持通道通畅安全。

(6) 接拆泵管要先停泵，再接拆泵管。泵送期间不得进行接管工作。堵管时严禁在管正前方用手掏管内的混凝土。

(7) 施工用电应由电工接线，其他人员不得私自接电。电线不得直接挂在钢管上或钢筋上，应使电线挂在横木上。

(8) 所有施工人员不得赤膊、穿拖鞋，袖口、裤腿、上衣摆要紧，防止被他物挂住。

(9) 夜间施工应有足够照明，线路设置应按电工及项目部管理人员的要求设置，不得乱拉乱扯电线。

9 环保措施

在施工过程中，施工单位项目经理部应做好文明施工和环境保护工作。

(1) 项目经理部应根据工程的实际情况，识别评价所属工作范围内的环境因素，并建立重要环境因素清单，将新出现的环境因素以“环境因素调查表”的形式反馈给工程项目负责人。

(2) 工程施工期间，应建立“环境因素台账”，并将新出现的环境因素及时填写在“环境因素台账”中，并在施工中做好控制。

(3) 施工场地应设置集水坑和沉淀池，并化验污水的排放是否符合标准要求，再决定是否排放到市政管道中。

(4) 混凝土泵、混凝土罐车噪声排放的控制，施工时应搭设简易棚将其围起来，并要求商品混凝土班组加强混凝土泵的维修保养，加强对其操作工人的培训和教育，保证混凝土泵、混凝土罐车平稳运行。混凝土施工时的废弃物应及时清运，保持工完料尽场地清，保证现场的整洁、干净。

(5) 认真执行工完料净场清制度，混凝土施工中的每一道工序完成以后，必须按要求对施工中造成的污染进行认真的清理，前后工序必须办理文明施工交接手续。

(6) 由项目经理、文明施工管理员、保卫干事定期对员工进行文明施工教育、法律和法规知识教育及遵章守纪教育，提高职工的文明施工意识和法制观念。要求现场做到“五有、四整齐、三无”以及“四清、四净、四不见”，每月对文明施工进行检查，对各责任人进行评比、奖罚，并张榜公布。

(7) 施工场地要求还应符合建筑安全管理规定和国标的有关规定（包括沉淀池、污水池、扬尘、施工噪声控制等）。

10 经济效益和社会效益

10.1 经济效益分析

1. 总体分析

混凝土专用聚丙烯纤维由于能积极有效地改善混凝土的耐久性，使混凝土高性能化，且工作机理简单，适用性广泛，使用效果显著，在工程界已受到越来越多的关注。据中国工程院上报的《推进化纤新材料在相关产业中的应用咨询研究综合报告》介绍，建筑用化纤材料将在2000年至2010年间增长最快，即由2000年的1.2万t增至2010年的13万t，增加10余倍。经添加混凝土专用抗裂聚丙烯纤维的混凝土具有良好的防水、抗渗、耐高温、耐低温及耐久性能，“混凝土专用抗裂聚丙烯纤维”的开发研制必将在国家基础建设中发挥较大作用，创造良好的经济效益。

纤维混凝土应用于现浇混凝土楼板具有良好的经济效益，主要表现在：

(1) 减薄楼板厚度，减少楼板中因为防裂而设置的构造钢筋，缩短施工工期，从而能节省因此而可节约的一切费用。

(2) 楼板质量好、使用寿命长、减少维修费用等因此而节省的费用。

(3) 纤维混凝土具有良好的保水性，可节省养护的时间和费用及相关成本。

2. 本工程的经济效益分析

(1) 本工法应用工程，在施工过程中的聚丙烯纤维混凝土试件委托有资质的建筑材料测试中心进行检验，与普通混凝土对比结果见表10-1。

C30 聚丙烯纤维混凝土和普通混凝土力学性能对比表

表 10-1

性　　能	普通混凝土	聚丙烯纤维混凝土
28d 抗压强度	38.7MPa	39.5MPa
28d 抗折强度	5.25MPa	5.49MPa
28d 劈裂抗拉强度	3.84MPa	4.61MPa
抗渗性能（渗水高度）	6.42cm	1.98cm

由表 10-1 可以看出，聚丙烯纤维混凝土的抗压强度与普通混凝土相差无几，但抗拉强度明显提高 20%，抗渗性能也大大提高，证明聚丙烯纤维混凝土能较大幅度地提高混凝土的抗渗、抗裂性能，极大地满足设计和施工需求。

(2) 该工程如采用普通抗渗混凝土，对原材料中的水泥、膨胀剂和外加剂要求很高，成本也相应提高。若用聚丙烯纤维提高混凝土性能，则单方材料费用可以大大减少，详见表 10-2，经济效益十分可观。

经济效益分析表　　**表 10-2**

材料名称	42.5 级水泥	膨胀剂 UEA-D	外加剂 CSP-2	聚丙烯纤维	合计
原用量（kg/m^3）	350	31	9	0	
采用本工法后用量（kg/m^3）	315	0	7.8	0.9	
减少用量（kg/m^3）	35	31	1.2	-0.9	
材料单价（元/kg）	0.390	0.60	3.80	28.00	
减少费用（元/m^3）	13.65	18.60	4.56	-25.2	11.61

10.2　社会效益分析

近年来，我国建筑业得到了空前的发展，促进了国民经济快速持续增长，加快了城镇化建设步伐，改善了城镇居民的居住环境，提高了居民生活质量。但在快速发展的同时，有关建筑质量的投诉成了国内投诉热点，其中地下室墙板、现浇混凝土楼（屋）面的开裂、渗漏等问题更是建筑质量投诉的热点之一，在广西也普遍存在地下室墙板、现浇混凝土楼板裂缝（特别是板角裂缝）问题，许多用户由此对房屋的整体质量表示怀疑和不满，甚至有些用户要求退房或要求高额的补偿，大大增加了本地区开发商及施工单位的赔偿、检测及维修费用，加大了房地产开发经营的成本。在地下室墙板、现浇混凝土楼板中掺入聚丙烯纤维能提高混凝土的抗裂性、抗渗性、抗冲击性及耐疲劳性能，改善了混凝土的防水能力，使楼板等的有效使用寿命得以延长，维修费用得以降低，具有较好的经济效益和社会效益。

纤维混凝土用于现浇混凝土楼板而带来的社会效益主要表现在：

(1) 由于纤维混凝土对成本的节约，节省了国家资源。

(2) 由于现浇混凝土楼板使用寿命增加，大大降低了维护成本。

(3) 纤维混凝土优越的抗裂防渗能力使得现浇混凝土楼板经久耐用、平整美观，给业主创造了一个安全、舒适的环境条件，并增加了居住的安全性。

(4) 优质的基础建设，有利于展现我国日益增长的经济实力，有利于增强党和政府部门在人民群众中的威信。

(5) 另外，此成套施工技术对当前工业与民用建筑地下和地上工程抗渗、防裂提供了丰富的实践经验（今后同类结构可推广应用），具有明确的社会效益。

10.3 施工效率分析

(1) 楼、屋面采用聚丙烯纤维混凝土，可以不设置任何后浇带、加强带，实行无缝施工，加快部分材料周转，省去后浇带施工缝清理、支模、混凝土浇筑、养护拆模等工期，加快施工总周期。

(2) 聚丙烯纤维混凝土具有结构自防水功能，由于不渗漏，无裂缝，起到自防水作用，大大提高屋面的防水功能，既提高了结构功能，又不增加工程成本。减少粉刷及防水层处理，还可节约费用。

(3) 由于聚丙烯纤维具有良好的化学稳定性，可以与任何化学外加剂任意匹配，不需要改变原有的混凝土配合比，较其他改善混凝土抗渗性能的方法所要求的使用条件和施工条件更宽松，使用过程更安全，更可靠。

(4) 聚丙烯纤维混凝土的拌制、浇筑、养护等施工工艺与普通混凝土基本相同，没有特殊的要求，成本低，工人操作简单。

11 工程应用实例

11.1 实例一：邕宁县机关工作人员住宅小区工程

邕宁县机关工作人员住宅小区工程，位于南宁市仙葫开发区，框架结构，地上七层住宅。该工程由广西大业建设集团公司承建，小区住宅楼工程屋面板施工阶段采用了本工法聚丙烯纤维混凝土抗裂防渗技术施工，取得了良好的效果。

一般大面积混凝土防渗抗裂控制多从产生的原因入手，研究克服的措施，如调整水泥用量、掺加粉煤灰、掺膨胀剂外加剂等，以抑制混凝土的塑性收缩，提高混凝土的韧性和延展性，但本工程通过混凝土掺入聚丙烯纤维（选用格雷斯-19mm 聚丙烯纤维，密度为 0.91g/cm^2，抗拉强度≥500MPa，长度 19mm，掺量为 0.9kg/m^3，性能见表 6-1）。达到大跨度无缝屋面结构施工的抗裂、抗渗目的，在节省成本的基础上大大提高了建筑物的优质结构性能和耐久性。

经当地建设局质监站、设计单位、监理单位、建设单位对工程进行质量验评，主体结构获优良评价，各项指标均满足设计及相关规范的各项要求。

工程经过两年多的使用及每年的 5、6 月份的多次暴雨考验，屋面板没有出现裂缝，毫无渗漏现象，实践证明聚丙烯纤维混凝土抗裂、抗渗效果明显。

11.2 实例二：南宁市荣宝华商城工程

南宁市荣宝华商城，位于南宁市星光大道223号，荣宝华商城有多栋框架结构商住楼，楼层数为五层，地下室车库一层，每栋的层高均为一层4.2m、二层3.2m、三层以上3m。该工程由广西大业建设集团公司承建，施工阶段采用了本工法指导施工。

南宁市荣宝华商城工程图纸会审时，甲方提出希望能提高地下室和屋面结构的防水等级和抗裂性能，经讨论，一致同意在地下室和屋面结构浇筑时，采用纤维混凝土技术，在商品混凝土中双掺粉煤灰、早强缓凝剂的基础上再掺聚丙烯纤维，起到防止开裂作用。

实践证明，这一新工艺大大提高了地下室墙体和屋面混凝土的抗渗性及耐久性，结构没有出现裂缝和渗水，地下室和主体结构验收时由建设单位、设计单位、监理单位、施工单位及、邕宁县质监站、南宁市质监站经开区分站共同验收和审定，获得优质结构奖等多项奖励，各分项工程合格率达100%，受到业主、监理和当地建管部门领导的好评。经公司测算，本工程采用本工法与传统施工方法相比，节省了成本费用约43万元，缩短工期约32天。经自治区和南宁市主管部门评审，该工程获“邕城杯”奖和区优质工程奖。

7.16《聚丙烯纤维混凝土现浇楼（屋）面结构抗裂防渗施工工法》广西区级工法申报书

广西自治区级工法申报书

工法名称 聚丙烯纤维混凝土现浇楼（屋）面结构抗裂防渗施工工法

申报单位 广西大业建设集团有限公司

申报地区

（部门） 广西南宁市

申报时间 2009年4月18日

广西建设厅制

<table>
<tr><td colspan="2">工法名称</td><td colspan="3">聚丙烯纤维混凝土现浇楼（屋）面结构抗裂防渗施工工法</td></tr>
<tr><td colspan="2">主要完成单位</td><td colspan="3">广西大业建设集团有限公司</td></tr>
<tr><td colspan="2">通信地址</td><td colspan="2"></td><td>邮　编</td></tr>
<tr><td colspan="2">联系人</td><td>李寿坤</td><td>电话及手机</td><td></td></tr>
<tr><td rowspan="6">主要完成者</td><td>姓　名</td><td>职　务</td><td>职　称</td><td>所在工作单位</td></tr>
<tr><td>马南湘</td><td>总工</td><td>高工</td><td>广西大业建设集团有限公司</td></tr>
<tr><td>李寿坤</td><td>副总经理</td><td>高工</td><td>广西大业建设集团有限公司</td></tr>
<tr><td>覃东</td><td>副总经理</td><td>工程师</td><td>广西大业建设集团有限公司</td></tr>
<tr><td>沈全振</td><td></td><td>高工</td><td>广西大业建设集团有限公司</td></tr>
<tr><td>陈邦</td><td>工程部长</td><td>工程师</td><td>广西大业建设集团有限公司</td></tr>
<tr><td colspan="2">本工法应用的工程名称及时间（填写二个工程）</td><td colspan="3">2003 年 8 月 28 日 ~2006 年 3 月 8 日南宁市荣宝华商城
2005 年 8 月 23 日 ~2006 年 6 月 18 日邕宁县机关工作人员住宅小区工程</td></tr>
<tr><td colspan="2">本工法关键技术名称与鉴定时间（若无可不填）</td><td colspan="3"></td></tr>
<tr><td colspan="2">本工法关键技术获成果奖励情况</td><td colspan="3"></td></tr>
</table>

注：表中通信地址及联系人指第一完成单位；主要完成者人数最多不得超过五人；表中内容填写不下的，可另加附页。

工法内容简述

聚丙烯纤维能有效改善混凝土的抗裂性和抗渗性能，提高其耐久性能。本工法根据我公司承担的聚丙烯纤维混凝土楼、屋面结构抗裂防渗工程实践，总结出的一套较好避免楼、屋面结构渗漏和开裂现象发生的施工工艺方法。该工法在我公司的有关项目南宁市荣宝华商城等工程施工中得到了成功应用，具有明显的经济效益和社会效益。

一、工法特点

1. 本工法是在商品混凝土已双掺粉煤灰、早强缓凝剂的基础上掺入聚丙烯纤维，较好地解决了现浇钢筋混凝土楼、屋面等结构裂缝和渗漏的难题。

2. 施工中采用连续浇筑不设施工缝和干湿料二次搅拌、混凝土二次振捣，收面作业适当加强和塑料薄膜覆盖浇水养护不少于14d等施工技术综合处理。

3. 工艺环节虽多但较简单，易掌握，兼顾成本及长短期效益，施工配制便易，经济效益明显，容易推广。

二、适用范围

本工法适用于工业与民用建筑钢筋混凝土现浇抗裂防渗地下、地上结构，如，现浇楼板和屋面板、结构转换层、外墙、地下室墙板、露天游泳池、水池等。

三、工艺原理

1. 双掺材料作用原理：

在商品混凝土双掺粉煤灰、早强缓凝剂的基础上再掺聚丙烯纤维，利用纤维抑制了塑性期混凝土表面和内部裂缝的产生和发展，起到防止开裂作用，提高了混凝土的抗渗性及耐久性。

2. 施工技术控制原理：

(1) 施工时的钢筋布置合理绑扎质量好，能起到约束混凝土的塑性变形，分担混凝的内应力，抑制裂缝扩展减少裂缝宽度的作用。

(2) 根据结构体积和形状，设置足够强度、刚度的混凝土模板支撑和模板。

(3) 采用不设施工缝的连续浇筑混凝的施工方案。

(4) 混凝土浇捣后，对混凝土结构采取保湿养护，确保水化产物的不断生成，使混凝土结构致密。

四、施工工艺简易流程

楼、屋面结构裂缝原因和控制措施分析→楼（屋）面、梁板结构模板、钢筋检查验收→纤维混凝土配制、干湿二次搅拌、运输→楼（屋）面、梁板结构混凝土浇筑→楼（屋）面、梁板结构混凝土养护→楼（屋）面、梁板结构混凝土拆模。

五、施工操作要点

1. 聚丙烯纤维混凝土配制、搅拌、运输

(1) 本工程的屋面纤维混凝土配合比如下(表5-1):

C30聚丙烯纤维混凝土配合比(单位:kg/m^3) **表5-1**

水泥	砂	石	水	粉煤灰	外加剂	聚丙烯纤维
315	731	1084	180	75	7.8	0.9

(2) 混凝土搅拌

聚丙烯纤维混凝土的搅拌与普通混凝土的搅拌工艺基本相同,只需注意以下几点:

1) 先将聚丙烯纤维与砂、石、水泥干拌均匀后再加水湿拌,整个搅拌时间较拌制普通混凝土延长1~2min,使纤维充分分散。也可在砂、石、水泥和水均匀拌合后,再加入定量的聚丙烯纤维进行搅拌,搅拌时间的长短应以纤维能在混凝土中均匀分布为准,一般为3~5min。

2) 混凝土配置必须按照配合比要求,正确计量每次加入纤维的重量。

3) 搅拌完成后随机取样,如纤维已均匀分散成单丝,则混凝土可投入使用,如果仍有成束纤维则延长搅拌时间20~30s,即可使用。

(3) 混凝土运输

1) 以舍远求近的原则合理选择商品混凝土搅拌站,合理安排运输路线,确保混凝土供应的连续性,以保障混凝土浇筑的连续性,不出现施工冷缝。

2) 搅拌站到施工浇筑段运输时间不宜超过60min,运输过程中搅拌车的搅拌筒应保持3~6r/min的转速持续转动,确保聚丙烯纤维混凝土拌合物保持均匀、不离析、不分层状态,搅拌车到达施工现场后应加大马力自转25s左右再进行浇筑。

3) 严格控制运输过程中聚丙烯纤维混凝土的停放时间,停放时间不应超过1h,否则聚丙烯纤维宜在混凝土运至工地后再由专人按配合设计规定添加。

4) 输送过程中严禁司机、施工人员随意加水以调节聚丙烯纤维混凝土的和易性,否则会严重影响混凝土的质量。

5) 聚丙烯纤维混凝土到达施工现场后应按规定进行坍落度检测,检测合格后才可卸料浇筑,现场试验员同时进行混凝土试件的留置。

2. 楼(屋)面、梁板结构模板体系安装

本工程采用$\phi48\times3.5$mm扣件式钢管支撑系统,支模方法详见本工法文本。

3. 楼(屋)面、梁板结构钢筋安装

本工程梁板结构钢筋安装同普通钢筋混凝土楼、屋面结构钢筋工程施工方法。

4. 聚丙烯纤维混凝土浇筑及养护

(1) 纤维混凝土与普通混凝土相比黏稠度大，表现在插入式振捣器振捣时的穴坑复平时间较长，收面要适当加强。为保证顺利振捣和收面，坍落度必须控制在适宜范围内。纤维混凝土坍落度还会随时间而减少，因此尽可能缩短混凝土出机到入模的时间和缩短运输时间，防止水分蒸发过多。

(2) 浇筑混凝土前，应有钢筋、模板、水电预埋管的验收记录和监理单位签发的浇捣令，对第一车混凝土要进行开盘鉴定，满足设计要求后方可大面积浇筑。混凝土采用泵送混凝土法输送，由于加入纤维，混凝土坍落度比同配比混凝土有所降低，但绝不允许人为大量加水，浇筑确有困难时，在征得建设、监理单位同意后，可以稍微增大减水剂用量。混凝土浇筑时的自由下落高度不应超过2m，当运输到浇筑地点的混凝土出现离析现象时须二次拌合。

(3) 混凝土浇前应先将模板浇水湿润，然后开始正式浇筑混凝土。浇筑时要防止混凝土的分层离析。浇筑混凝土时应有木工、钢筋工现场值班，经常检查模板、钢筋、预埋件的情况，当发现有变形、移位时，应立即停止浇筑，并应在已浇筑的混凝土初凝前修整完好。

(4) 混凝土下料不宜太快，混凝土浇捣要符合要求，一般将混凝土摊铺高出20~40 mm后，用插入式振动器振捣后，再用平板振动器振动、找平。采用一刮、二滚、三纵、四抹的方法，确保楼面的平整度。振动棒的操作要做到“快插慢拔”，以便更有效的排出混凝土中的气体，使之更加密实；振动棒插点应均匀有序，插点间距宜为500mm左右，每点振捣时间宜为5~15s左右，以混凝土面不再下降，表面出现浮浆为止。

(5) 在柱梁与板变截面结构处宜分层浇筑。在纤维混凝土浇灌1~2h后，必须对混凝土进行二次振捣，并对纤维混凝土表面拍打振实。

(6) 收浆是聚丙烯纤维混凝土很关键的施工工序，在施工过程中，应根据当时天气的冷热状况、风力大小等具体情况进行收浆，收浆过早或过晚，都有可能影响平整度或出现早期裂缝等。为保证浇灌整体平整度，在施工中应采用6m铝合金杆控制。最后一次抹面应在刚初凝，并在终凝前完成，目的是将表面裂纹全部消除。混凝土凝固前应保持表面湿润状态，防止水分蒸发。

(7) 连续浇筑不设施工缝，若因意外情况不得不留时，留设位置及处理方法必须符合规范及施工图纸要求。

(8) 终凝后立即用塑料薄膜覆盖养护。纤维混凝土浇水养护的时间不得少于14d，施工放样后，也必须立即浇水并覆盖养护。浇水次数应能保持混凝土始终处于湿润状态，并做好混凝土养护记录。

(9) 浇筑混凝土时，按部位和浇筑日期制作与构件同条件养护的混凝土试块，为构件底模板拆除时间提供试验依据。同条件养护纤维混凝土试块强度报告达到规范要求后方可拆模，拆模时要注意对混凝土边角的保护。

（10）试块留置：按规定留置混凝土抗压强度、抗渗等级、同条件养护试块，并进行相应的试验检验。

六、材料与设备（详见所附本工法文本）

七、质量控制（详见所附本工法文本）

八、安全措施（详见所附本工法文本）

九、环保措施（详见所附本工法文本）

关键技术及保密点（有专利法权的，请注明专利号）

1. 本抗裂防渗楼、屋面板施工工法使用的混凝土是聚丙烯纤维混凝土，使混凝土抗裂防渗作用显著提高的关键因素在于掺加了聚丙烯纤维，其抗裂防渗技术特点如下：

（1）纤维在混凝土内呈现三维空间网络结构，抑制了塑性期混凝土表面和内部裂缝的产生和发展。（2）硬化的混凝土由于干燥收缩、温度收缩及碳化收缩的存在，常会引起内部产生各种收缩应力（拉应力），在混凝土中掺入纤维，可有效降低裂缝尖端的应力集中，从而抑制裂缝的进一步发展。（3）混凝土中掺入纤维，可使混凝土的裂缝被明显细化，混凝土的漏水量与细分后的裂缝根数（裂缝根数/m^2）成反比，混凝土中由于纤维的存在，由于裂缝的细化，混凝土内均匀散布的短纤维起到了阻断混凝土内裂缝毛细作用的效果，抗渗性能显著提高。

2. 本工法在商品混凝土双掺粉煤灰、早强缓凝剂的基础上再掺聚丙烯纤维，利用纤维抑制了塑性期混凝土表面和内部裂缝的产生和发展，通过湿养护，水化产物不断生成，起到防止开裂作用，提高了混凝土的抗渗性及耐久性。

3. 楼、屋面板施工中采用连续浇筑不设施工缝和混凝土干湿二次搅拌、二次振捣，收面作业适当加强和塑料薄膜覆盖浇水养护不少于14d等施工技术来综合处理。

技术水平和技术难度（包括与区内外同类技术水平比较）

1. 改善混凝土楼、屋面的防裂抗渗性能的常用途径有两种。其一，通过在混凝土中添加外加剂如膨胀剂的方法，即通过膨胀剂提高混凝土的密实性，或加入憎水性有机材料提高混凝土抗渗性的方法，达到改善混凝土抗渗性能的目的；其二，在混凝土中掺入纤维，减少混凝土内部缺陷，改善混凝土的品质，提高其抗渗性能。添加外加剂如膨胀剂，有时易引起混凝土碱骨料反应或其他化学反应，使得混凝土的耐久性难以保证。在建筑材料中掺入纤维的做法由来已久，早期主要是利用天然纤维；在现在工程施工中，常使用的是玻璃纤维和钢纤维。由于玻璃纤维的抗剪能力差，易引起混凝土碱骨料反应，不宜采用。钢纤维的容重大，虽能改善混凝土的某些品质，但增加结构负担，且对混凝土楼、屋面防裂抗渗性能改善不明显。

2. 聚丙烯纤维可以大大增强混凝土的抗裂、抗渗能力，作为混凝土刚体自防水材料的效果显著，可以有效地解决混凝土楼、屋面防渗抗裂问题的困扰。聚丙烯纤维加高效减水剂的防水方案目前已为国内外众多防水专家所肯定，是防水效果较为可靠、施工最为方便、机理较完整的防水方案，可广泛应用于地下室工程、楼（屋）面工程、贮水池、腐化池等工程中。目前，国内最大的水电站-长江三峡电站，重要的公共建筑-国家大剧院，遂渝铁路隧道，以及众多的市政工程、预制构件等都使用了聚丙烯工程纤维。特别对高层建筑中改善高强混凝土的脆性，具有重大意义。深圳市已把聚丙烯工程纤维混凝土防水作为地方标准图集的图例，供工业与民用建筑采用。

3. 本工法是在商品混凝土双掺粉煤灰、早强缓凝剂的基础上再掺聚丙烯纤维，在施工中采用连续浇筑不设施工缝和混凝土干湿二次搅拌、二次振捣，收面作业适当加强和塑料薄膜覆盖浇水养护不少于14d等施工技术来综合处理，其改善混凝土楼、屋面板防裂抗渗性能的方法先进、效果非常显著。本工法工艺环节虽多，但施工工艺易掌握，兼顾成本及长短期效益，施工配制便易，经济、社会效益明显、容易推广。

工程应用情况及推广应用前景

目前，聚丙烯纤维混凝土在国内已经越来越多的应用到工业与民用建筑、道路、桥梁水利、国防等工程中，据中国工程院上报的《推进化纤新材料在相关产业中的应用咨询研究综合报告》介绍，建筑用化纤材料将在2000年至2010年间增长最快，即由2000年的1.2万t增至2010年的13万t，增加10余倍。经添加混凝土专用抗裂聚丙烯纤维的混凝土具有良好的防水、抗渗、耐高温、耐低温及耐久性能，在防渗方面是膨胀剂等防水材料的良好替代产品，“混凝土专用抗裂聚丙烯纤维”的开发研制必将在国家基础建设中发挥较大作用，创造良好的经济效益。

从确保工程质量，施工便利，兼顾成本及长短期效益等诸方面考虑，在混凝土楼、屋面板结构施工中添加聚丙烯纤维不失为改善其防裂抗渗性能，提高其耐久性能的有效途径。如，福建JVC电子有限公司新工厂车间工程屋面面积为138m×99m，屋盖采用混合配筋预应力梁板，屋面板厚为130mm，屋面主梁截面为2m×0.5m，最大跨度长达24m，设计混凝土强度等级为C35P6，采用添加聚丙烯纤维的混凝土，整个大面积的梁板未发现明显的裂缝，无渗漏，效果良好。广州50层高的中水广场大厦，地下室每层面积4500m^2，平均厚度800mm的4层地下室的底板、侧墙、楼板等大量采用C40聚丙烯纤维改性混凝土，地下室完工后极少发现明显裂缝及渗漏，取得了良好的效果。深圳怡宝蒸馏水厂约7000m^2厂房屋面防水，重庆嘉陵江黄花园大桥综合楼、屋面等工程中亦成功应用了聚丙烯纤维混凝土作为刚性自防水材料。

本工法应用工程：

实例一：邕宁县机关工作人员住宅小区工程

邕宁县机关工作人员住宅小区工程，位于南宁市仙葫开发区，框架结构，地上七层住宅。该工程由广西大业建设集团公司承建，小区住宅楼工程屋面板施工阶段采用了本工法聚丙烯纤维混凝土抗裂防渗施工技术方案施工，取得了良好的效果。

经当地建设局质监站、设计单位、监理单位、建设单位对工程进行质量验评，主体结构获优良评价，各项指标均满足设计及相关规范的各项要求。

经过2年多的使用及每年的5、6月份的多次暴雨考验，依然无损，毫无渗漏现象，实践证明聚丙烯纤维混凝土抗裂、抗渗效果明显。

实例二：南宁市荣宝华商城工程

南宁市荣宝华商城，位于南宁市星光大道223号，荣宝华商城有多栋框架结构商住楼，楼层数为五层，地下室车库一层，每栋的层高均为一层4.2m、二层3.2m、三层以上3m。该工程由广西大业建设集团公司承建，施工阶段采用了本工法的施工技术指导施工。

南宁市荣宝华商城工程图纸会审时，甲方提出希望能提高地下室和屋面结构的防水等级和抗裂性能，经讨论，决定在地下室和屋面结构浇筑时，采用本工法施工，商品混凝土双掺粉煤灰、早强缓凝剂的基础上再掺聚丙烯纤维，起到防止开裂作用。

实践证明，上述新工艺大大提高了混凝土的抗渗性及耐久性，结构没有出现裂缝和渗水，地下室和主体结构验收时由建设单位、设计单位、监理单位、施工单位及邕宁县质监站、南宁市质监站经开区分站共同验收和审定，获得优质结构奖等多项奖励，各分项工程合格率达100%，受到业主、监理和当地建管部门领导的好评。经公司测算，本工程采用本工法与传统施工方法相比，节省了成本费用约43万元，节省工期约32天。经自治区和南宁市主管部门评审，该工程获“邕城杯”奖和区优质工程奖。

经济效益或社会效益

在现浇混凝土楼板中掺入聚丙烯纤维能提高混凝土的抗裂性、抗渗性、抗冲击性及耐疲劳性能，改善了混凝土的防水能力，使楼板等的有效使用寿命得以延长，维修费用得以降低，具有较好的经济效益和社会效益。

1. 经济效益分析

纤维混凝土应用于现浇混凝土楼板具有良好的经济效益，主要表现在：

(1) 减薄楼板厚度，减少楼板中因为防裂而设置的构造钢筋，缩短施工工期，从而能节省因此而可节约的一切费用。

(2) 楼板质量好、使用寿命长、减少维修费用等因此而节省的费用。

(3) 纤维混凝土具有良好的保水性，可节省养护的时间和费用及相关成本。

(4) 聚丙烯纤维混凝土的抗压强度与普通混凝土相差无几，但抗拉强度明显提高20%，抗渗性能也大大提高，证明聚丙烯纤维混凝土能较大幅度地提高混凝土的抗渗、抗裂性能，极大地满足设计和施工需求。

(5) 采用普通抗渗混凝土，对原材料中的水泥、膨胀剂和外加剂要求很高，成本也相应提高。若用聚丙烯纤维提高混凝土性能，则单方材料费用可以大大减少。本工法应用工程可减少单方成本11.61元/m^3，经济效益十分可观。

2. 社会效益分析

纤维混凝土用于现浇混凝土楼板而带来的社会效益主要表现在：

(1) 由于纤维混凝土对成本的节约，节省了国家资源。

(2) 由于现浇混凝土楼板使用寿命增加，大大降低了维护成本。

(3) 纤维混凝土优越的抗裂防渗能力使得现浇混凝土楼板经久耐用、平整美观，给业主创造了一个安全、舒适的环境条件，并增加了居住的安全性。

(4) 优质的基础建设，有利于展现我国日益增长的经济实力，有利于增强党和政府在人民群众中的威信。

3. 施工效率分析

(1) 由于运用本工法成套施工技术，省去后浇带设置，加快部分材料周转，省去后浇带施工缝清理、支模、混凝土浇筑、养护拆模等工期，加快了施工速度。

(2) 由于不渗漏、无裂缝，起到自防水作用，因此减少粉刷及防水层处理，可节约费用。

(3) 此成套施工工法对当前工业与民用建筑地下和地上工程抗渗、防裂提供了丰富的实践经验（今后同类结构可推广应用），具有明确的社会效益。

工法主要完成单位意见	本工法应用于南宁市荣宝华商城屋面板和地下车库施工，也应用于邕宁县机关工作人员住宅小区工程屋面板施工，获得了较好的施工效果，结构验收时由建设单位、设计单位、监理单位、施工单位及邕宁县质监站、南宁市质监站经开区分站共同验收和审定，获得优质结构奖等多项奖励。该工法有较好的经济和社会效益，技术水平达到区内领先水平，同意申报区级工法。 年　月　日 （章）

专家评审意见	评审组长：（签名） 年　　月　　日
建设厅审定意见	年　　月　　日 （章）

第8章　聚丙烯纤维混凝土现浇楼（屋）面结构抗裂防渗施工工法工程应用实践

随着我国城市建设快速发展，科技含量高、施工难度大的工程日益增多，工法对建筑施工的管理、指导作用也日益突出。

自从建设部最早颁布工法管理办法以来，建设部施工管理司一共颁布土木建筑国家级工法数百篇，地方和中央各部委所属的直属建筑施工企业开发的施工工法不胜枚举。这些工法涉及了建筑企业分部分项工程的方方面面，这是一笔巨大的无形资产，也是可以供建筑企业无偿使用的宝贵财富。通过应用社会上公开发表的施工工法，将别人总结出来的先进技术与先进的管理理念在本企业相类似的分部分项工程上加以应用实施，使先进的科技成果迅速转化为现实生产力。通过工法的广泛应用，特别是高等级工法的广泛应用，能大大提高建设项目实施的科技含量，有利于进一步扩展企业科技推广工作，促成企业建筑科技的良性可持续发展，也必将带动和促进整个建筑业的繁荣和发展。

8.1　施工企业运用施工工法管理指导工程实践的意义[54]

（1）工法具有新颖性、适用性和可宣传的特点，对内可作为组织施工和普及职工技术教育的工具性文件，有利于提高企业员工的业务素质，有利于企业内部施工技术的普及，有利于将新的科研成果转化为生产力，全面提高整个企业的技术素质和管理水平。

(2) 在施工企业内部实行工法管理，有利于调动广大工程技术人员、管理人员开发和推广应用施工新技术的积极性，促进企业进行技术积累和技术跟踪，在企业内部形成施工技术和管理水平不断创新提高的良性循环，使企业的技术实力和管理水平在同行中保持领先水平。

(3) 工法作为企业标准的重要组成部分，是企业技术水平和施工能力的重要标志，企业拥有工法数量越多，等级越高，企业的技术实力就越强，企业的竞争力就越强，易得到设计单位和业主的认可，并能提高企业的知名度，推行工法制度有利于简化施工组织设计与投标文件的编制工作，提高施工组织设计与投标文件的编制质量和编制效率。增强投标获胜的把握。

(4) 企业工法体系形成后，可大大简化施工组织设计和施工方案的编制。组织设计中的主要工程项目的施工方案，可以采用已有的工法成果，工法可作为施工组织设计的标准模块，从而简化施工组织设计的编制工作。实施工法管理也便于施工组织、管理，便于监理和质量监督部门的监督。

8.2 施工企业管理和应用施工工法的要点

8.2.1 编写自己的施工工法

施工企业在长期的工程实践中积累了丰富的经验，这是一个建筑企业的宝贵财富。如何充分发掘这笔财富，是摆在施工企业面前的一个重要课题。建筑企业不仅要重视技术攻关，重视一次性技术突破，而且更要注重技术积累、技术跟踪，工程结束后要及时总结，要引导各个层面的工程技术人员进行技术总结，把其中具有较强实用性且技术先进的成熟的施工技术、方法编写成施工工法，对于暂时还不成熟的施工技术，对施工中发现的一些技术难题，也要进行总结，为以后的工程施工、技术攻关做好技术准备。

8.2.2 引进先进施工工法

在倡导本企业专业技术人员编写施工工法的基础上，还要善于借鉴别人成功经验和科研成果，可以通过企业之间的技术交流、技术专利转让等途径引进施工工法，为我所用。特别是一些国家级工法（一级工法）、省部级工法（二级工法），其关键性技术一般属于国内领先水平或达到国际先进水平，具有很高的技术含量，引进这些工法可以显著提高建筑企业的技术素质，可以在较短时间内提高建筑企业的技术实力。

8.2.3 实施施工工法

项目负责人、现场施工员等技术管理人员要熟悉本企业拥有的施工工法，在编写施工组织设计时要充分考虑工法的使用，要尽可能使用企业现有的工法，充分发挥工法的作用。现场施工员、施工班组长必须熟悉工法内容，对于新工法或者是不常用的工法，在项目施工前必须组织施工员、施工班组长和相关技术工人进行学习，为施工做好技术准备。在施工中要严格按工法要求指导、管理施工，这是工法管理最关键的环节，如果不能严格地执行工法，即使是最先进的工法，也起不到应有的效果。工程完工后要及时总结工法的应用效果，对实施工法过程中发现的问题，要分析原因，寻找解决问题途径，必要时对原工法进行修订。随着科学技术的发展和施工技术的进步，对技术落后的工法要及时淘汰，编写、引进与现代施工技术相适应的新的工法，以保持工法技术的先进性和适用性。

例如，2009 年广西大业集团借《聚丙烯纤维混凝土现浇楼（屋）面结构抗裂防渗施工工法》获得第一个区级工法这一重要历史契机，审时度势，立足长远，及时果断地作出了“大力推行企业工法制度，建立健全企业技术管理制度”的决定，拉开了企业申报和应用省级、国家级工法的序幕。公司重新整合的技术力量，以推行工法制度作为公司技术进步的切入点，积极完善公司的技术标准及技术管理制度，建立健全了一个强大的企业技术服务平台。集团公司在承建的有关工程中大力推广使用本公司编制的施工工法和引进消化吸收了其他的省级、国家级先进施工工法，不仅承建工程获得了非常好的施工效果，而且提高了企业自身技术实力和管理水平，并在同行中保持领先水平，取得了很大的经济和社会效益。同年，广西大业建设集团以拥有的区级施工工法和企业级施工工法为技术后盾，申报并获得了十个国家一级承包资质。大业公司推行的企业工法管理制度，为公司的发展保驾护航，使公司能在瞬息万变的市场风云中立于不败之地。

8.3 聚丙烯纤维混凝土现浇楼（屋）面结构抗裂防渗施工工法工程应用案例

8.3.1 工法应用之一：聚丙烯纤维混凝土在屋面板应用

1. 邕宁县机关工作人员住宅小区2号标工程

（1）工程概况

邕宁县机关工作人员住宅小区2号标工程，位于南宁市仙葫开发区，框架结构，地上七层，共建住宅6栋。该工程由广西大业建设集团公司承建，是该公司试验、推广应用纤维混凝土技术的首批工程，施工阶段采用了聚丙烯纤维混凝土抗裂防渗施工技术方案施工，取得了良好的效果。

（2）屋面板结构抗裂对比施工

1）纤维屋面板：工程1号楼屋面板混凝土浇筑，混凝土采用C25混凝土配合比，掺入12mm-格雷斯聚丙烯纤维，掺量：0.9 kg/m^3，施工工艺和方法按本工法。

2）对照屋面板：工程2号楼屋面板浇筑，混凝土采用C25混凝土配合比。不掺聚丙烯纤维，施工方法按常规混凝土楼板施工方法。

（3）纤维混凝土屋面板抗裂效果

施工中观察，未掺加纤维的2号楼屋面板在混凝土浇筑后的早期（二次抹面之前），部分地方发生泌水现象，出现了塑性收缩裂缝和龟裂，这是由于楼板表面的泌水会造成此处失水过快，从而引起早期的塑性收缩裂缝和龟裂（见图8-1、图8-2）。但在掺加纤维的1号屋面板中未出现这种情况，其结构成形质量好，表观形象较佳（见图8-3）。

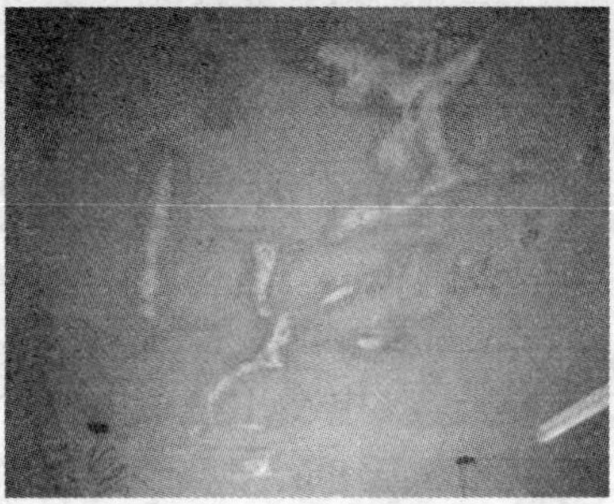

图8-1　早期塑性收缩裂缝

图8-2　出现的龟裂现象

工程交付使用后约一年多（15个月），工程回访，住户反映工程2号楼的屋面板部分出现了不同程度的开裂，导致下雨产生墙角渗漏（见图8-4），影响起居生活，要求进行维修。施工单位对住户有反映的屋面板裂缝采用环氧树脂: 聚硫橡胶: 水泥: 砂 =10: 3: 12. 5: 28 及掺12mm-格雷斯聚丙烯纤维（掺量0. 9 kg/m^3）配制的补裂砂浆进行了处理和维护。后续观察，经过约六个月（期间经历过四场大雨）的使用考验，该修补屋面没有发现新的渗漏水现象。

按本工法施工技术指导施工的1号楼屋面板未出现反应开裂、渗漏的投诉。

由此可见，聚丙烯纤维能较好解决屋面板开裂渗漏问题，对提高楼板的抗裂性和抗渗性有非常明显的效果。聚丙烯纤维混凝土现浇楼、屋面结构抗裂防渗施工工法先进可靠。

2. 河源市广播电视中心大楼工程

(1) 工程概况

图 8-3　1 号楼屋面成型质量好

图 8-4　2 号楼部分屋面板墙角渗水

河源市广播电视中心大楼工程是河源市政府重点工程项目和标志性建筑，外观造型设计独特新颖。其中在主楼设有两个大跨度的超高演播厅，跨度分别为 20m、18m，层高分别为 17.7m、14m，面积分别为 $800m^2$、$400m^2$，混凝土强度等级为 C30，抗渗等级为 P8。

（2）大跨度、大面积屋面结构抗裂措施对比分析

演播厅内有大量贵重的播音设备，设计屋面结构的防水等级为Ⅰ级，且不留任何施工缝，屋面防水要求很高。大跨度、大面积混凝土渗裂控制常规措施为采取调整水泥用量、掺加粉煤灰、掺外加剂（如膨胀剂）等措施，以抑制混凝土的塑性收缩，提高混凝土的韧性和延展性，常规做法施工工序多、成本高、时间长。本工程仅在屋面混凝土中掺入聚丙烯纤维（规格 19mm，掺量 1.0 kg/m^3），即达到提高大跨度无缝结构施工的抗裂、抗渗目的，既节省成本、缩短工期，还大大提高了结构的耐久性能。

（3）纤维混凝土屋面板抗裂效果

屋盖采用聚丙烯纤维混凝土，拆模后混凝土结构表面无发现任何裂缝现象，经过 5、6 月份的暴雨考验，依然无损，毫无渗漏现象，实践证明聚丙烯纤维混凝土抗裂、抗渗效果明显。该工程经验收后，各项指标均满足设计及相关规范的各项要求

(见图 8-5)。2007 年 9 月，当地建设局、建筑业协会组织市内各设计单位、监理单位、质监部门以及市内备案的施工单位到现场进行质量观摩和技术推广，赢得了社会各界的一致肯定。同时，广东省建筑业协会还组织相关专家对工程进行了质量验评，与会专家均给予高度评价，认为本工法对实现大跨度无缝结构施工技术有着极大的推进作用，使聚丙烯纤维混凝土以高抗裂抗渗性能的优势成为今后混凝土的发展方向，有广泛的应用前景。

图 8-5　聚丙烯纤维混凝土屋面优质结构

8.3.2　工法应用之二：聚丙烯纤维混凝土在地下室结构中的应用

1. 广东省博物馆新馆工程[58]

(1) 工程概况

广东省博物馆新馆工程，地下人防工程为 120m × 120m 的正方形地下室结构，建筑面积 $14400m^2$，底板底标高 -6.2m，底板厚度 800mm，中间纵横各设置 1 条后浇带把底板分为 4 个区，每个区面积约 $3600m^2$，混凝土总用量约 $11520m^3$，四侧人防墙体及中间隔墙厚度均超过 500mm，最厚达 1m，混凝土总用量为 $2000m^3$，采用 C35P8 抗渗混凝土，属大体积混凝土。

(2) 地下室结构的大体积混凝土抗裂需求分析

该工程位于珠江边，地下水位较高，地下水位随珠江水潮汐而升降。为保证博物馆人防工程（平时部分作为文物库房，战时作为应急物资储备）不受潮，业主要求混凝土结构成品墙、顶板、底板的质量优良，确保达到 100% 不渗漏，不出现有害裂纹。由于单次浇筑混凝土量较大，并且在炎热的 7、8 月份施工，对混凝土的供应、运输、施工及养护等一系列施工环节要求较高。地下室结构的大体积混凝土，由于体积大，表面系数较小，水泥水化热释放较集中，内部温升较快，因此混凝土内外温差较大，会产生温度应力，容易使混凝土产生温度裂缝。大体积混凝土结构在结硬过程会产生收缩，容易产生收缩裂缝，为提高混凝土自身抗拉强度，确保混凝土不渗漏，不出现有害裂纹，决定在混凝土中加入聚丙烯网状纤维（掺量为 $1kg/m^3$，纤维长度 19mm）。以提高混凝土的韧性和抗裂抗渗性能。

（3）纤维混凝土地下室结构抗裂效果

本工程地下人防工程大体积混凝土施工在混凝土内掺入聚丙烯网状抗拉纤维来提高混凝土抗拉性能，有效控制了大体积混凝土温度和干缩裂缝的产生，防止了混凝土有害裂缝的出现，提高了工程质量，施工完成后对部分区域混凝土进行了温度分析和监测，3d 劈裂抗拉强度比普通混凝土提高约 10%，即使在 3～5d 后最大温差超过 27℃时，仍无有害裂缝出现，经 1 年多时间使用，结构无渗漏现象，质量达到了预期效果（图 8-6）。

2. 杭州市市民中心大型地下室工程

图 8-6　聚丙烯纤维混凝土地下室优质结构

（1）工程概况

杭州市市民中心大型地下室工程地处杭州市钱江新城核心区块，新安江路、富春江路、灵江路和钱江路围合的区域。为一至二层大型地下室，该工程分为Ⅰ、Ⅱ、Ⅲ标段三个标段。本标段包含会议中心、G 楼、M 楼、P 楼、四个下沉庭院，建筑面积为 17.1 万 m^2，该工程 ±0.000 相当于黄海高程 9.43m，自然地面标高约为 -2.2m。

（2）地下室结构混凝土抗裂需求分析

本标段会议中心地下室外墙板总高度约 10m，外墙设计采用防水密实性 C30 抗渗混凝土，防水等级为一级，抗渗等级为

P8 的全现浇钢筋混凝土结构。由于地处钱塘江边，地下水位比较高，对外墙防水抗渗要求十分严格，采用刚性本体防水和外贴防水卷材内外共同防水。在刚性本体防水外墙混凝土中掺入适量的聚丙烯纤维。该地下室外墙防水做法如下：（从里往外依次为）：现浇钢筋混凝土墙板（掺加聚丙烯纤维）、20mm 厚 1∶2 防水水泥砂浆分三道粉平，面层压实赶光、4mm 厚 APP 改性沥青卷材防水层、半砖保护墙，距防水层留 30mm 缝灌细砂。

高强、大流动度的泵送混凝土，坍落度为 120 ± 20mm，混凝土中水泥含量 300kg/m^3，混凝土凝结收缩量大，收缩应力增大，裂缝增多。且该地下室外墙高、大、宽，平面形状为半径 50m 的标准圆形，产生的约束力大而复杂，收缩应力增大，势必造成裂缝数量增加。尽管采用高强、大流动的混凝土其密实性能满足混凝土的抗渗等级要求，但从超长地下室外墙防水角度来看，应从过去注重混凝土的密实性转向注重混凝土的抗裂性问题。提高混凝土本体刚性防水的有效措施为加聚丙烯抗裂纤维，它具有施工方便及经济合理等明显的优势。

该工程会议中心地下室外墙施工阶段，考虑了聚丙烯纤维材料的综合性能，还进行了大量抗压、抗折、抗拉性能试验，同时进行了分散性试验，得出了以 1.2kg/m^3 为最佳掺量的 C30 外墙板聚丙烯纤维混凝土配合比为（单位 kg/m^3）：

水泥	中砂	碎石	水	外加剂	粉煤灰	膨胀剂	纤维
366	780	992	195	6.4	8.2	32	1.2

（3）纤维混凝土地下室结构抗裂效果

施工过程中做到了对纤维混凝土振捣密实，并进行对该外墙板的带模浇水养护，确保了整个外墙纤维混凝土的施工质量（图 8-7）。

由于该外墙板掺加了 1.2kg/m^3 的聚丙烯纤维，增强了外墙板的防水、抗压、抗折、抗拉、抗渗漏功能。经过数月的观察，没有出现渗水、漏水现象，无结构裂缝。说明聚丙烯纤维对控制和防止混凝土的塑性收缩裂缝，提高抗渗性有显著功效。

图 8-7　聚丙烯纤维混凝土地下室外墙优质结构

由以上分析，聚丙烯纤维可以大大提高混凝土抗裂、抗渗能力，作为混凝土本体刚性自防水的效果显著，可广泛应用于地下室、屋面、蓄水池、污水池等工程。

8.3.3　工法应用之三：聚丙烯纤维混凝土在大跨度、大截面高位梁及其楼板中的应用

1. 工程概况

广西水产畜牧局广西动物安全保障中心工程，位于南宁市青秀区，青山路 8 号，本工程为框剪结构，总建筑面积 20435m^2，合同造价 3289.42 万元。开工日期：2010 年 4 月 15 日，合同工期：625 日历天。该工程由广西大业集团公司承建。施工阶段采用了本工法管理和指导施工。

2. 大跨度、大截面高位梁抗裂分析

建筑物一层大堂部位为了营造高大空间，采用大跨度、大截面高位梁，梁顶标高分别为 14.6m、9m，跨度为 16m，梁高分别为 1500 mm、1400 mm，梁宽为 600 mm、500 mm 等尺寸（见图 8-8）。为保证大截面梁及其楼板混凝土不出现裂缝达到清水混凝土的质量标准，减少后期装修成本，缩短工期，大业公司决定在大截面梁板施工中利用本工法进行管理和指导施工，在大截面梁板混凝土中掺入聚丙烯抗裂纤维（长度 19mm，0.6kg/m^3）和采用清水混凝土模板技术。

3. 纤维混凝土大跨度、大截面高位梁板抗裂效果

施工过程中没有发生质量和安全事故，大跨度、大截面高位梁及其楼板混凝土表面平整，施工缝平顺，棱角线平直，外露面色泽一致，无蜂窝麻面等现象，达到清水混凝土标准，结

构质量优良，各分项工程合格率达100%，受到业主、监理和当地建管部门领导的好评（见图8-9）。经公司测算，本工程采用本工法与传统施工方法相比，节省施工费用约13万元，缩短工期21天。

图8-8　一层大堂

图8-9　优质结构

8.3.4　工法应用之四：聚丙烯纤维混凝土在水池结构中的应用[59]

1. 工程概况

位于南京市的某大学游泳池为50m长标准游泳池，采用无缝钢筋混凝土结构建造，游泳池四周没有围护结构。游泳池混凝土强度等级为C30，抗渗强度为P8级。

2. 混凝土水池结构抗裂需求分析

南京地区冬冷夏热，温度变化较大，如何解决游泳池开裂及渗水问题是本工程的一个难点。为彻底解决这一问题，经过多种方案比较，最后选用了改性聚丙烯纤维混凝土。使用原材料和配合比如下。

1）水泥：选用普通硅酸盐水泥。

2）砂：中粗砂，质量符合国家标准规定。

3）碎石5.0～31.5mm连续级配的碎石，质量符合国家标准规定。

4）改性聚丙烯纤维：选用的纤维长度为12mm，纤维掺入量为 0.8kg/ m^3。

5）粉煤灰：混凝土中掺入一定量的Ⅰ级粉煤灰，一方面，可降低混凝土中水泥用量和水胶比以及混凝土的温升，防止混凝土开裂，使混凝土的密实性和抗渗性进一步提高；另一方面，粉煤灰还可使混凝土内部摩擦阻力减少，大大提高其流动性与和易性，有利于泵送混凝土施工。

6）外加剂：掺入一定量的MD-A高效混凝土泵送剂，可起到减水、缓凝的作用，在坍落度不变的情况下，能大大减少混凝土的用水量以及大孔、毛细孔的数量，进而提高混凝土的抗渗性。

7）改性聚丙烯纤维混凝土的配合比（kg/m^3）：

水泥∶砂∶碎石∶粉煤灰（Ⅰ级）∶泵送剂MD-A∶聚丙烯纤维∶水 = 374∶670∶1101∶80∶7.72∶0.8∶171。

8）坍落度：160 ± 20 mm。

3. 纤维混凝土水池结构抗裂效果

本泳池体结构施工期为2003年元月至8月，混凝土强度及抗渗等级均达到设计要求，且通过多年使用没有发现渗漏现象。2005年，经有关部门检验，被评为市优质工程。本工程的实践证明，在混凝土中掺入一定量的改性聚丙烯纤维，在防止混凝土的开裂及渗漏方面是可行的。

第9章　结　语

本书通过在混凝土中掺入聚丙烯纤维对现浇混凝土楼、屋面板中、长期抗裂防渗性能进行了研究，通过多个具体工程的聚丙烯纤维混凝土的成功应用，进行了现浇楼、屋面结构抗裂防渗施工工法实践，结论如下：

混凝土中掺入聚丙烯纤维，由于纤维分布均匀，起到类似筛网作用，延缓或阻止混凝土现浇楼板早期混凝土裂缝的产生和发展，对混凝土现浇楼板中、长期的裂缝也有较好的抑制作用，从根本上解决了楼板使用中开裂和渗漏问题。在混凝土中掺入适量的长度合适的聚丙烯纤维是解决混凝土构件中、长期非荷载裂缝的有效措施之一。

聚丙烯纤维混凝土楼板具有良好的抗裂防渗性能，要在实际工程施工中转化为效益，必须要有一个先进的施工工法来配套、指导和管理施工，才能充分利用其抗裂防渗性能，充分发挥出其显著的经济效益和社会效益。《聚丙烯纤维混凝土现浇楼（屋）面结构抗裂防渗施工工法》是一套较好避免楼、屋面等结构渗漏和开裂现象发生的施工方法。该工法在有关项目施工中得到了非常成功应用，具有较好的经济效益、社会效益和推广前景。

聚丙烯纤维混凝土现浇楼、屋面结构在建筑设计与施工中，还要按照相关规范要求，采取一些必要的措施，例如，屋面的保温隔热措施；防止结构产生不均匀沉降措施；保证混凝土质量的控制措施；采用先进适用的施工工法管理指导施工等。只有各相关措施都做到位，一定能较好解决长期困扰土木工程界混凝土楼、屋面结构开裂的顽症。

参考文献

[1] 王铁梦．工程结构裂缝控制［M］．北京：中国建筑工业出版社，1997.

[2] 盛黎明，邓运清．混凝土聚丙烯纤维的发展与应用［J］．桥梁，2002. 6.

[3] 王立伍．聚丙烯纤维对混凝土性能的影响和工程应用［A］．程庆国．全国第七届纤维水泥与纤维混凝土学术会议论文集（C）．北京：中国铁道出版社，1998. p14 ~ 19.

[4] Mechanical properties and durability of polypropylene fiber reinforced high-volume flya-sh concrete for shotcreteap plications. Fueland Energv Abstracts. Volume: 36, Issue: 3, 1995: 191.

[5] Toutanji, Houssama. Properties of polypropylene fiber reinforced silica fume expansivecement concrete. Constructionand Budding Materials. Volume: 13, Issue: 4, June1, 1999: 171 ~ 177.

[6] Soroushian, Parviz; Elyamany, Hafez; Ttili, Atefostowari, Ken. Mixed-mode Fracture Properties of Concrete Reinforced with Low Volume Fractions of Steeland Polypropylene Fibers. Cementand Concrete composite, Volume: 20 , Issue: 1, 1998: 67 ~ 78.

[7] 贺子岳，等．国外新型纤维增强混凝土及应用．国外建材科技，1998. 9.

[8] 吴中伟．纤维增强—水泥基材料的未来．混凝土与水泥制品，1999（1）.

[9] 罗赤宇，陈星．纤维高强混凝土在广州新中国大厦工程中的应用［J］．全国第七届纤维水泥与纤维混凝土学术会议论文集．

[10] 薛伟辰，姚武．先进纤维混凝土（第十届全国纤维混凝土学术会议论文集）［M］．上海：同济大学出版社，2004.

[11] 沈正荣．建筑工程施工手册（第二版）［M］．北京：中国建筑工业出版社，2002.

[12] 中国土木工程学会混凝土及预应力分会，混凝土质量专业委员会，高强与高性能混凝土专业委员会．钢筋混凝土结构裂缝控制指南［M］．北京：化学工业出版社，2004.
[13] 黄国兴，惠容炎．混凝土的收缩［M］．北京：中国铁道出版社，1990.
[14] 蔡正泳．混凝土的性能［M］．北京：中国建筑工业出版社，1979.
[15] 吴国爱．住宅工程端角楼板斜裂缝的产生和防治措施[J]．建筑施工,2001.
[16] 李继业，刘福臣．建筑施工质量问题与防治［M］．北京：中国建材工业出版社，2003.
[17] 李立权．混凝土配合比设计手册（第三版）［M］．广州：华南理工大学出版社，2002.
[18] 邓宗才．高性能合成纤维混凝土［M］．北京：中国建筑工业出版社，2003.
[19] 戴建国，刘明，黄承逵．聚丙烯纤维混凝土和砂浆的塑性收缩试验研究［J］．沈阳建筑工程学院学报，2000（3），p195～196.
[20] ALHOZAIMY A M. SOROUSHLANP. MIRZA F. Mechanical properties of polypropylene fiber reinforced concrote and the effects of pozmlac aterials [J]. Cement Concrete Composites. 1996（18）：85～92.
[21] 清华大学水利水电工程系．凯泰（CTA）改性聚丙烯纤维混凝土—单轴拉伸力学性能研究．三峡工程研究项目，J02.
[22] 龚益，沈荣熹，李清梅．杜拉纤维在土建工程中的应用［M］．北京：机械工业出版社，2002.
[23] 黄定显，杜晓玲，曾铭．建筑经济与企业管理［M］．南昌：江西高校出版社，1996.
[24] 中国民用航空总局．民用航空运输机场水泥混凝土道面设计规范［S］．1995.
[25] 徐至均．纤维混凝土技术及应用［M］．北京：中国建筑工业出版社，2003.
[26] 中国国家建筑材料测试中心．检测报告［J］．（编号：98260040），1998.
[27] 荣民工程股份有限公司营建材料实验室．含网状或条状 HOTFIBER 聚丙烯纤维混凝土与水泥砂浆的工程性质及防裂机制测试［J］．1998.

[28] 黄承逵．纤维混凝土结构［M］．北京：机械工业出版社，2004.
[29] 天津大学，同济大学，东南大学，清华大学．混凝土结构（第二版）［M］．北京：中国建筑工业出版社，1998.
[30] 冯乃谦．实用混凝土大全［M］．北京：科学出版社，2001.
[31] 杨绍林，田加才，田丽．新编混凝土配合比实用手册［M］．北京：中国建筑工业出版社，2002.
[32] 龚益，徐至均．纤维混凝土与纤维砂浆施工应用指南［M］．北京：中国建材工业出版社，2005.
[33] 赵国藩，彭少民，黄承逵．钢纤维混凝土结构［M］．北京：中国建筑工业出版社，2000.
[34] 沈荣熹，崔琪，李清梅．新型纤维增强水泥基复合材料［M］．北京：中国建筑工业出版社，2004.
[35] 付华．三峡加纤维抗冲耐磨混凝土研究［J］．中国三峡建筑，2001年第03期．
[36] 林小松，杨果林．钢纤维高强与超高强混凝土［M］．北京：科学出版社，2002.
[37] （日）小林一辅．纤维补强混凝土［M］．上海：上海教育出版社，1985.
[38] 赵国藩．钢筋混凝土结构的裂缝控制［M］．北京：海洋出版社，1991.
[39] Chern. J. and Young. C. Study of factors influnencing drying shrinkages of steel fiber reinforced concrete［J］. ACI Materials J. 1990，87：123.
[40] R. D. Toledo Filho，M. A. Sanjuan. Effect of low modulus sisal and polypropylene fiber on the free and restrained shrinkage of mortars at early age［J］. Cement and Concrete Composites 1999，29：1597 ~ 1604.
[41] Grzybowski. M. and Shah. S. P. Shrinkage cracking of fiber reinforced concrete［J］. ACI Materials J. 1990，87：138.
[42] Carette. G. G. and Malhotra. V. M. Mechanical properties durability and drying-shrinkage of Portland cement concrete incorporating silica fume［J］. Cement Concrete and Aggregates. 1983，5：3.
[43] Nekumar Banthia and Cheng Yan. Shrinkage cracking in polyolefin fiber reinforced concrete［J］. ACI Materials Journal，2000，V. 97，No. 4.
[44] Schwartzentrbuer，A. Effect of PVA，glass and metallic fibers，and of an

expansive admixture on the cracking tendency of ultrahigh strength mortar [J]. Cement and Concrete Composites, 2004, 26 (5).

[45] Ma. y. Effect of different geometric polypropylene fibers on plastic shrinkage cracking of cement mortars [J]. Materials and Structures, 2002, 34 (247).

[46] 王志钊. 聚丙烯纤维混凝土综合性能试验研究 [D]. 浙江大学, 2004.

[47] 傅春松. 聚丙烯纤维对现浇混凝土楼板非荷载裂缝影响的试验研究 [D]. 广西大学, 2006.

[48] 陈士良. 现浇楼板的裂缝控制. 北京: 中国建筑工业出版社, 2003.

[49] 李学英. 改性聚丙烯纤维混凝土的性能研究 [D]. 哈尔滨工业大学, 2003.

[50] 李美利. 高性能微膨胀纤维混凝土的性能研究与应用 [D]. 同济大学, 2003.

[51] 孙建国. 聚丙烯纤维混凝土在泰州市联通大厦地下室墙板工程中的应用. 泰州市工程质量. 2003. NO7.

[52] 马南湘. 聚丙烯纤维对现浇混凝土楼板中长期非荷载抗裂性能影响的试验研究 [D]. 广西大学, 2008.

[53] 张希舜. 建筑工程施工工法编写指导. 北京: 中国建筑工业出版社, 2010.

[54] 张增阳. 工法-建筑企业提高技术管理水平的重要载体. 科协论坛, 2009 年第 2 期.

[55] 范向红, 李岩, 王丽娟. 加强工法管理促进企业技术进步 [J]. 石油科技论坛, 2004. 6.

[56] 贾荣强. 论工程施工工法的重要作用 [J]. 中外建筑, 2002. 6.

[57] 徐一骐. 工程建设标准化·计量·质量管理基础理论 [M]. 北京: 中国建筑工业出版社, 2000. 1.

[58] 邓恺坚. 广东省博物馆新馆地下室聚丙烯纤维混凝土防裂施工. 广东土木与建筑, 第 5 期. 2011 年 5 月.

[59] 罗兆辉. 改性聚丙烯纤维混凝土在水池结构中的抗渗应用研究. 特种结构, 第 27 卷第 2 期. 2010 年 4 月.

[60] 张军, 潘兴军. 聚丙烯纤维混凝土在游泳池池体结构中的应用[J]. 徐州工程学院学报, 2006, 21 (9): 32 ~ 33.